JN408754

둘이서 걷는 길

둘이서 걷는 길

정서연
윤승선

2인수필집

| 책을 내면서 |

문장을 이삭 줍듯이 담을 수 있다면 좋겠다.

문장의 숲이 북데기 같이 어지럽다.

그래도 괜찮다.

부족해야 다음에 채울 수 있으니

둘이라서 참 다행이다.

혼자라면 꿈도 꾸지 않았을 일이다.

작고 똘망한 그가 앞에서 끌고
멀쑥한 나는 못이기는 척 이끌려 여기까지 왔다.

책을 내는 일, 몹시 부끄럽다. 하지만 뭐라도 된 듯
어깨에 힘이 들어가기도 한다.

겸손과 자만을 함께 맛보게 해준 그에게 감사한다.

이천이십 년 십이월에
윤승선 · 정서연

| 차 례 |

1부

2인수필
윤승선 · 정서연

2부

| 차 례 |

3부

2인수필
윤승선 · 정서연

4부

2인수필

윤승선 · 정서연

1부
윤승선

밥

그때 왜 그랬을까

다행이다

유혹

아무것도 안 할 자유

천 원으로 되찾은 꿈

고개를 넘자니

미녀와 야수

제자리 찾기

여자 셋

지남철

밥

갸름한 얼굴에 또렷하게 쌍꺼풀진 눈이 닮았다. 강직한 듯 부드러운 눈빛과 높은 콧대도 시원한 이마와 살짝 나온 입매도 흡사하다. 흘려 썼지만 단정한 글씨체마저 비슷하다. 선생의 생전 모습이 전시된 그 방에서 발길이 떨어지지 않았다. 황순원 문학관에서 나는 잠시 잊고 있던 아버지를 만났다.

집으로 돌아와 오래된 앨범을 꺼냈다. 아버지 사진과 아버지가 보내준 편지와 엽서를 한참이나 들여다보았다. 아버지에 대한 그리움이 소나기처럼 쏟아진다.

아버지는 나를 영도다리에서 주워 왔다고 했다. 어느 추운 겨울, 강보에 쌓인 채 울고 있는 아기를 품에 안고 왔단다. 아버지 코트 속에서 고양이 우는소리가 나기에 언니는 고양이를 데려온 줄 알고 좋아했다나 어쨌다나. 할머니 추임새까지 더해지고 그때마다 때도 잘 맞춰 진짜 엄마라고 진짜 아버지라고 나타나는 사람이 있어 어린 나를 혼란스럽게 했다.

내가 한창 피아노를 갖고 싶어할 때였다. 자식이 없던 아버지 친구는 피아노를 사줄 테니 내 딸 하자고 나에게 꽤 공을 들였다. 그러면 아버지는 나도 외국에 피아노를 주문해 놓았다며 방해 공작을 폈다. 실감 나는 영도다리 이야기와 심심하면 친부모라고 우기는 사람들과 피아노의 유혹 때문에 나는 정말 심각하게 고민했다. 그 와중에도 피아노가 언제 도착하느냐고 아버지에게 보챘다. 아버지는 피아노는 지금 배를 타고 오고 있다고 하다가, 하다가, 하다가 결국 거친 비바람에 배가 침몰해 버렸다고 했다. 그러다 초등학교 3학년 생일날 아버지가 멜로디카를 사주었다. 그때 딸려온 노래책에서 처음 배워 부른 노래가 바다라는 동요였다.

'아침 바다 갈매기는 금빛을 싣고 고기잡이배들은 노래를 싣고 희망에 찬 아침 바다 노 저어가요'

지금도 햇빛에 반짝이는 바다를 보면 그때가, 그 노래가 생각난다. 추억하는 매 순간마다 아버지가 나를 기다린다.

고3 때였다. 아버지는 야간자습을 마치고 귀가하는 나를 큰길까지 마중 나왔다. 어쩌다 아버지 대신 나온 엄마는 걱정을 안 할 만큼 잘 하든지, 걱정도 안 할 만큼 못 하든지 하며 어중간한 내

성적에 대해서 애기했다. 아버지와는 무슨 이야기를 나누며 걸었을까. 부드럽게 녹는 일상적인 말이 아니었을까. 내 마음 어딘가에 걸려 아직도 남아있는 말이 없는 걸 보니 사랑으로 소화되어 나를 채워준 다정한 대화였지 싶다.

대학생이 되어 첫 교시 수업이 있는 날이면 아버지와 손을 잡고 집을 나섰다. 아버지는 엄마에게 받은 용돈을 뚝 떼어 쥐여 주곤 했다. 가끔씩 아버지가 근무하는 학교로 커피 심부름을 시키기도 했는데 커피 값보다 훨씬 많은 용돈을 주었다. 앨범에 끼워져 있는 편지에는 그때 내게 준 용돈 4900원의 의미가 설명되어 있다. 7×7, 행운이 곱으로 쏟아지라는 아버지의 바람이었다.

어느 날 남포동에서 아버지와 마주쳤다. 아침에 집에서 봤는데 뭐가 그리 반가운지 아버지는 활짝 웃으며 말했다. 갑자기 거리가 환해지기에 무슨 일인가 봤더니 저만치서 꽃보다 예쁜 내 딸이 걸어오더라고. 농담인 줄 알았던 그 말이 진심이었다는 것은 두 아들의 엄마가 되고 나서야 깨달았다.

술 한 잔하고 들어오는 날이면 아버지는 어엿한 숙녀가 된 나를 안고 볼을 비볐다. 술 냄새와 따끔한 수염을 피하려 일부러 자는 척하기도 했지만 어림없었다. 아버지는 어김없이 우리 형제를 깨워 집합을 시켰다. 그리고 우리는 살가운 괴롭힘을 당해야만 했다. 까끌까끌했던 아버지의 수염이, 그 따뜻했던 품이 만만치만은 않은 세상살이에 얼마나 큰 힘이 되는지 모른다.

나는 아버지를 정말 좋아했다. 입만 열면 아버지 이야기를 했다. 그래서 친구들은 내가 엄마 없이 아버지하고만 사는 줄 알았단다. 나를 시집보내고 사흘 밤낮을 울었다는 아버지! 할머니는 우리 집에 전화를 달아주자며 아버지를 달랬단다. 전화를 놓아주는 걸로 겨우 마음을 추스른 아버지는 출근한다고 출근했다고 퇴근한다고 퇴근했다고 전화했다. 손주들이 태어나고 말문을 트기 시작하면서는 얼마나 전화를 많이 했는지 말로 다 할 수 없다. 말이 느는 손자가 신통방통했을 테다. 아이들도 나에게 혼이 나면 울면서 할아버지께 전화를 걸어 일렀다. 나는 그런 아버지에게 짜증이 났다. 퇴직을 하고 집에서 내게 전화하는 것을 본 할머니가 놀랄 정도였다. 할머니는 아이 돌보랴 살림하랴 혼자 발을 동동거릴 나를 걱정하며 아버지를 말렸다고 했다. 손주가 새로운 말 한마디를 할 때마다 그 단어들을 적어놓았던 아버지. 이 애가 내 손자요, 하는 손주의 사랑스럽고 자랑스러운 모습을 시로도 남겼다. 그 메모지들을 챙겨두지 못한 게 안타깝다.

안타깝기로 말하자면 아버지 일기장만 할까. 하늘색 표지의 낡은 일기장. 그 안의 글씨도 내용도 다 내 마음에 있는데 일기장만 없다. 아버지의 일기장엔 신혼시절 맹장염 수술한 어린 신부를 안쓰러워하는 마음, 첫 딸인 언니를 보는 경이감 등이 그려져 있었고 직장생활에서 윗사람들의 공정치 못한 일 처리에 대한 분노도 쓰여 있었다.

아버지의 일기장만은 내가 가지고 싶었다. 아버지 생전에는 챙길 수가 없었고, 돌아가시고 나서는 엄마도 있고 다른 형제도 있어서 눈치만 보고 있었다. 어느 날부터인가 그 일기장이 보이지 않았다. 물어보니 아무도 일기장의 행방을 모른단다. 이럴 수가! 제사 때도 아버지는 태어난 순서대로 술을 치게 했다. 아버지는 딸 아들 구별 없이 대해 주셨는데 왜 쓸데없는 양보심을 발휘해서 일기장을 잃어버렸는지 속이 상한다.

작년 겨울, 아침마다 집 앞 건널목에서 통학버스를 함께 기다리는 부녀가 있었다. 아빠 가슴에 얼굴을 묻고 잠투정을 하는 듯한 딸과 코트로 찬바람을 막아주는 아빠를 보며 나는 아버지를 생각했다.

한동안 보이지 않아 궁금했던 부녀를 다시 보았다. 계절만 바뀌었을 뿐 다정한 모습은 그대로였다. 마주 보고 선 아빠는 딸이 더울세라 연신 부채질을 해주고 딸은 쉴 새 없이 조잘거렸다. 딸 등을 밀어 버스에 태우고 돌아서서도 아빠의 눈에서 흐르던 꿀은 멈추지 않았다. 저만치 건널목에 고등학생이던 나와 나를 보고 눈부시게 웃던 울 아버지가 서 있다. 콧날이 시큰해진다. 틀림없이 그 아빠도 울 아버지처럼 딸의 밥이지 싶다.

아버지는 내 밥이었다. 엄마가 못하게 하는 일은 아버지에게 허락을 받아내었다. 내 청을 거절하는 법이 없는 아버지를 아버지는 내 밥이라고 우쭐댔다.

그렇게 버릇없고 철없던 딸이 두 아들의 엄마가 되었다. 바람 불고 고달픈 세상을 걸어갈 아이들이 나에게만큼은 철없는 아들이어도 좋겠다. 나도 내 아이들의 밥이고 싶다. 울 아버지처럼. 따끈하고 영양가 많은 밥이고 싶다.

나는 네 밥이 되고 너는 또 다른 너의 밥이 되면 참 좋겠다.

그때 왜 그랬을까

'그때 왜 그랬어요!'

노란 전광판 글씨가 영도다리 건너편 깡깡이 마을에서 깜빡인다. 꼭 내게 따져 묻는 듯하다. 불빛에 몰려드는 날벌레처럼 기억이 어지럽게 날아든다.

"아빠, 아가 좋아. 나 아가."

세 살 박이 윌리엄이 토막말로 밑바닥 마음을 표현했다. 자기도 아기인데 아빠는 동생을 더 좋아한다는 뜻이다. 윌리엄의 모습에 다섯 살이던 큰아이 얼굴이 겹쳐졌다.

큰아이는 동생을 무척 아끼고 잘 보살폈다. 그 모습이 기특해 어른들은 곧잘 네 아기 내가 데리고 간다, 하고 농담을 했다. 그 말에 아이는 동생을 못 데려가게 막으며 울었다. 한번은 남편에게 아이를 맡기고 시장에 다녀온 적이 있었다. 급하게 돌아와 보니 남편은 코를 골고 있고 큰아이가 동생 똥 기저귀를 갈아주고 있었다. 꼭 제가 엄마인 양 동생에게 눈을 맞추며 분까지 톡톡 발라주던 모습이 얼마나 야무지던지. 가족 모두가 동생을 더 챙기는 모습에도 시샘하지 않고 의젓했다.

온 가족이 큰아이를 황태자처럼 떠받들었다. 처음이었으니까. 둘째가 태어났다. 4년 동안 오롯이 황태자에게만 쏟아지던 사랑은 자연스럽게 새아기에게로 흘러갔다. 영문도 모른 채 밀려난 큰아이를 나는 더 꼭 감싸 안아야 했는데… 철이 다 든 아이처럼 대했다. 큰아이도 아직 아기였건만 형이라는 걸 강조하며 양보를 강요했다. 아이가 잘하면 잘 할수록 더 많은 것을 요구했다. 나도 못했던 일을 아이는 잘 해주기를 바라며 무리하게 다그쳤다. 내가 만든 틀 안에 가두려고 했다. 처음이었으니까.

1촌으로 맺어진 모자 사이, 아이가 사춘기가 되면 4촌만큼 멀어지고 대학생이 되면 8촌으로 멀어진다. 아들이 군인이 되어 사돈의 팔촌이 되려 할 때였다. 입대하기 전 사촌형제들과 환송식을 가졌다. 작은어머니가 많이 서운해하겠네. 나의 자식 사랑이 유별나게 보였는지 조카들이 입을 모았단다. 우리 엄마는 재현이밖에 모른다. 큰 녀석이 무심코 내놓은 속엣말이 건너 건너 내 귀에까지 들어왔다. 그랬었구나. 내가 사랑이랍시고 부렸던 욕심이 상처가 되었구나.

나는 사돈의 팔촌이 된 아들에게 속죄하는 마음으로 매일 편지를 썼다. 엄마에게 너만큼 중요한 사람은 이 우주에 없다고, 다른 녀석 트럭으로 실어다 줘도 너와는 바꾸지 않는다고, 동생은 너보다 어리니까 더 보살핀 것뿐이라고. 엄마가 처음이라서 서툴렀다고, 처음이라 욕심이 컸다고. 앞으로 어떻게 살 것인지 내가 나에게 이르는 말을 유언을 남기듯 아들에게 전했다. 엄마 편지 재미없어! 툭 던지는 말에 나는 반분이나 풀어진 아들의 마음을 읽어냈다.

나는 다시 아들과 일촌 관계로 돌아가지 않으려고 한다. 사랑은 내가 주고 싶을 때 주는 것이 아니라 그들이 필요할 때 필요한 만큼 주는 것이기 때문이다. 아들이 결혼해서 해외동포만큼이나 멀어진다 해도 우리는 연과 연실이다. 나는 연이 날아가는 대로 연실을 풀어주는 얼레가 되려한다. 아들이 세상살이를 힘들어할 때 당겨주고 이끌어주는 얼레 같은 엄마가 되고 싶다.

이스라엘의 오나 도나스라는 사회학자가 쓴『엄마 됨을 후회함』이라는 책을 읽었다. 만일 지금의 경험과 지식을 가지고 과거로 돌아간다면 또다시 엄마가 되겠습니까, 라는 질문에 대부분의 엄마들이 아니라고 답했단다. 엄마 됨을 후회하다니! 심지어 엄마가 된 것이 아무 가치가 없다고 생각하다니. 믿을 수가 없다. 엄마로서의 삶이 파괴라고 여기는 여성들이 엄마가 되지 않았다면 사회적으로 얼마나 성공했을까. 나는 엄마가 되지 않았다면 어떻게 살고 있을까.

세상에서 제일 거룩한 일은 엄마가 되는 일인 것 같다. 아이들만큼 나에게 고통을 준 사람은 없다. 하지만 나는 단 한 번도 엄마 됨을 후회하지 않았다. 세상 그 무엇도 아이들만큼 온전한 행복 또한 주지 못하기 때문이다. 내가 후회하는 것은 엄마 됨이 아니라 더 좋은 엄마가 되지 못했음이다. 나는 성공한 엄마보다 사랑받는 엄마가 되고 싶다. 쳐다만 봐도 좋은 엄마로 남고 싶다. 나를 엄마로 살게 해준 두 아들에게 감사한다. 나에게 와준 아들들이 참말 고맙다. 두 아들은 나를 엄마로 만난 것에 감사할까.

우리 엄마는 어땠을까. 엄마에게는 언니만이 특별한 자식 같았다. 맏이로 태어나 주변 사람들의 기대에 짓눌린 언니가 안쓰러워서 그랬을까. 나는 걸리는 것 없이 쑥쑥 잘 컸다. 신경도 예민하지 않고 먹성도 좋았다. 이렇게도 저렇게도 애처로워할 거리가 없는 그것이 나에게는 상처였다는 것을 엄마는 알까. 병원에 계시는 엄마를 보러 갔다. 내 뺨을 쓰다듬는 엄마의 얼굴에 애틋함이 가득하다.

아버지는 나에게 한없이 관대했다. 욕심을 부릴만한 건덕지가 없어서였는지 모르겠다. 아버지는 언니는 맏이라고 장남은 장남이라서 막내는 막내라서 모두 소중하게 대해주셨다. 우리는 자신만이 특별한 대우를 받고 있다는 마음으로 자랐다. 그런 멋진 오해를 남기고 아버지는 돌아가셨다. 아버지는 어떻게 그럴 수가 있었을까. 나는 겨우 아이 둘을 키우면서 이놈 저놈에게 상처를 주었는데 말이다.

살아온 순간마다 후회의 돌덩이가 놓여있다. 어쩌면 내가 준 상처들이 아들들을 강하게 했을 테다. 어설픈 부모가 주는 넘치는 사랑이 세상을 견딜 에너지가 되었을 거다. 뻔뻔함으로 나는 후회하는 마음을 밀어버린다.

요즘도 아들 녀석과 나는 곧잘 티격태격한다.

"그때 왜 그랬어?"

"엄마가 처음인데 어떻게 처음부터 잘할 수 있노. 니는 그때 와 그랬노?"

"나도 어린이가 처음이어서 그랬지. 어린이가 어떻게 논리적으로 생각할 수 있노. 억지 부리는 게 당연하지."

깍지 낀 손으로 힘겨루기를 하며 옥신각신하는 모습을 남편이 물끄러미 바라보고 있다.

다행이다

'긴 꿈이었을까, 저 아득한 세월이. 거친 바람 속 참 오래도 걸었네.'

화자의 남편이 좋아했던 노래를 반복해 듣는 것으로 소설은 시작된다. 문학동네 카페에 연재되고 있는 박범신의 새 소설 「꽃잎보다 붉던– 당신, 먼 시간 속 풍경들」에 나오는 노랫말이다. 어떤 노래일까. 누구의 노래일까.

최백호다. 얼마 전 종영한 드라마 '가족끼리 왜 이래'에 나왔던 '길 위에서'란 노래다. 최백호!

최백호는 30년도 더 너머의 옛날로 나를 데려간다. 그 시절, 어떤 평론가의 표현대로 찌그러져가는 초가집 같은 모습으로 '가을엔 가을엔 떠나지 말아요'를 부르던 최백호를 나는 몹시 좋아했다. 은행잎들이 노란 카펫처럼 깔려있던 용두산 길을 걸으며 나는 비라도 우울히 내려버리면 내 마음 갈 곳을 잃은 주인공이 되어 서러워했다.

그때는 남자 친구, 요즘 말로 남사친(남자 사람 친구)이 군에 가면 최백호의 '입영 전야'를 불렀다. '아쉬운 밤, 흐뭇한 밤, 뽀얀 담배 연기… 자아, 우리의 젊음을 위하여 잔을 들어라.' 참 많이도 불러댔던 이 노래. 나는 군에 가는 친구보다 최백호를 생각하며 잔을 높이 들어 외쳐 불렀다.

'그자'는 내가 제일 좋아하는 노래다.

> '봄날이 오면은 뭐 하노 그자. 꽃잎이 피면은 뭐 하노 그자. 우리는 너무 멀리 떨어져 있는데… 그래도 우리 맘이 하나가 되어 암만 날이 가도 변하지 않으면~~. 조금은 외로워도 괜찮다 그자. 우리는 너무너무 사랑하니까.'

서울 유학생이던, 지금은 남편이 되어버린 애인에게 많이도 써 보냈던 말이다. 떨어져 지내는 연인에게 이보다 소박하고 순정한 고백이 있을까. 지금도 봄이 올 즈음엔 누군가에게 꼭 한 번은 써먹는 말이다.

대학 2학년, 가을축제에 최백호가 초대되었다. 정말이지 조그마한 봄이 툭 건드리면 금방 재가 되어 내려앉을 것 같았다. 나는 무대 뒤에서 그가 노래하는 모습을 빨려들 듯이 바라보았다. 요즘 시대라면 오빠를 외치면서 사인이라도 받았겠지만 그때는 그저 바라볼 뿐이었다.

하염없이 바라보며 최백호랑 결혼을 생각했었다. 쓰러져가는 초가집 이미지를 건실하고 아담한 집이 되도록 내조하겠다고. 부모의 반대를 무릅쓴, 주위의 반대를 무릅쓴 결혼을 생각했다. 최백호가 결혼하자고 하기만 하면. 생각조차도 소극적이어서 최백호가 결혼을 하자 하면 하겠다, 였다. 그런데 어떻게 최백호가 나를 알겠느냐 말이다. 나라는 존재를 알아야 결혼을 하자든지 말자든지 하지, 나란 사람이 있는지도 없는지도 모르는데 우찌 그런 일이 일어나겠는가 말이다. 에고, 정말.

최백호, 나는 최고의 백호라고 **최**를 아주 강조해서 불렀다. 다른 사람들의 최백호와 나의 **최**백호는 다르다며. **최**백호! **최**백호! 상상 속에서 우리는 연인이었다.

그런 그가 모 텔런트와 결혼을 했다. 나는 울지 않았다. 가시는 길 진달래꽃을 아름 따다 뿌려주었다. 당연히 꿈속에서.

그리고 이혼. 마음이 아팠다. 여시 같은 여자에게 모든 잘못을 돌리며 미워했다. 삭은 지푸라기 같은 사람에게 또 상처를 입혔다며 분노했다. 쓰러져 가던 집이 쓰러진 집이 될 것 같아서 가여워했다.

그리고 또 결혼. 그러든지 말든지 했다. 나에게도 딴 사람이 생졌으니까. 내 사랑도 변했으니까.

하루 일과를 마치고 누워서 리모컨을 이리저리 돌리니 최백호가 노래하고 있다. 이제는 찌그러져가는 초가집 같지도, 건드리면 푹 삭아서 내려앉을 것 같지도 않다. 고집스러워 보인다. 노래도 예전의 순수한 모습으로 부르는 게 아니다. 나이가 들면 노래를 저렇게 멋들어지게 불러야 하나? 내가 이미자를 좋아하는 이유는 오랜 세월에도 변치 않고 멋 부림 없이 정석대로 부르기 때문이다. 멋 부리며 부르는 노래는 싫다. 늙어, 힘이 부치기 때문에 멋 부림으로 감추려는 것인가? 투덜거리면서도 채널을 돌리지는 않는다.

이따금 최백호가 게스트로 나오는 라디오 방송을 들을 때가 있다. 경상도 사나이의 기질이 그대로 묻어나는 말들이 나를 화나게 만든다. 저 사람이 저런 사람이었나? 거칠고 강하고 고지식하고 사납고 갑갑하고 꽉 막힌. 어쩌면 저런 면이 첫 부인을 숨 막히게 했을 거라고 마음대로 결론짓는다.

옛사람이 변한 건가? 내 마음이 변한 건가? 최백호가 하는 말을 들으며 아, 참 최백호랑 결혼 안 하기 잘했다는 생각을 한다.

여리고 약해 보여서 구박도 원망도 마음껏 못했을 것 같은 어린 날 꿈속의 옛사랑. 가버린 사랑을 찾아 헤매고 있는 내 옆에서 숨 넘어갈 듯 코 골며 자는 지금 사랑. 두 남자 사이에서 나는 갈등

한다.

거칠고 강하고 답답한 기질은 둘이 똑같아 보인다. 하지만 내 구박과 짜증과 까탈을 받아줄 체력과 체격을 가진 남편의 손을 들어준다. You win! 남편이 내 남편이라 다행이다. 휴, 다행이다.

유혹

'책은 또 다른 책을 유혹한다.'

도서관 입구 현수막에 쓰여 나부끼던 말이다. 오, 멋진 유혹! 정말 책은 또 다른 책을 유혹한다. 이런 유혹이라면 얼마든지 넘어가도 좋으리. 보수동 꼭대기에 있는 중앙도서관으로 오늘도 나는 유혹 당하러 간다.

서구청 앞에서 탄 마을버스는 구불구불, 스릴과 서스펜스가 넘치는 길을 달려 더도 말도 덜도 말고 중앙 도서관 딱 정문 앞에 선다. 버스에서 발을 내리는 순간, 나는 여왕이 된다. 설렘과 기쁨을 신하로 거느린 우아하고 품격 있는 여왕은 수많은 책 군사들이 사열을 기다리는 열람실로 들어선다. 여왕의 눈에 들어 간택되기를 바라는 책 군사들을 날카롭지만 너그럽게 살피고 다닌나.

음, 훌륭하고 멋진 군사들이 많군. 천군만마를 얻은 듯 내 마음은 충만해진다.

이 책 저 책 읽을 욕심으로 행복한 고민을 하던 나는 급기야 망상에 빠진다. 나는 볼모로 잡혀와 하필이면 도서관에 갇힌 이웃나라의 공주. 날 구하러 올 때까지 유유히 책을 읽으며 지낸다. 한국 소설을 섭렵한다. 나를 구하러 올 기척이 없다. 그래도 나는 초조해 하지 않으리. 한국 비소설들을 읽고 외국 소설들을 읽고 외국 비소설들을 읽고. 그래도 구하러 오지 않는다면 3층 열람실로 옮겨달라고 한번쯤 애원해볼까. 그러나 결코 불안에, 공포에 내 맘을 뺏기지는 않으리. 그렇게 책 속에 묻혀 늙어가도 좋으리. 나는 여전히 기품 있는 이웃나라의 공주. 책 속에서 품위를 지키며 늙어 가리라. 난생처음 맞이한 이 자유로운 축복을 평화롭게 즐기리라.

상상 속에서 나는 마냥 행복하다.

남편은 이런 날더러 현실 부적응주의자라고 한다. 현실을 모르고 소설 속에서 산다고. 소설 속 주인공은 현실에는 존재하지 않는다고 빈정거린다. 무슨 소리! 살다보니 소설보다 더 소설적인 게 현실이더라.

우리 가족에게 경제적 위기가 찾았던 한 때 나는 더 책 속으로 숨어들었다. 한 친구는 도서관 끊어라, 책 끊어라, 돈 되는 일을 하라고 충고했다. 그러려고 해봤다. 안 되는 건 안 되는 거였다.

돈 되는 일은 돈도 안 되면서 나를 더 무기력하게 했고 나를 더 비참하게 만들었다. 경제적인 가난보다 정신의 가난에 빠져 허우적거렸다.

『창문 넘어 도망친 100세 할아버지』는 나에게 말해주었다. '너무 걱정하지 마. 괜히 고민해봤자 도움이 안 돼. 어차피 일어날 일은 일어나고 세상은 살아가게 돼있어.' 라고.

나는 소설 속 세상으로 들어가 주인공이 되어보았다. 『영혼의 편지』를 읽으며 가난과 불안과 고독 속에서 그림에 열정을 쏟는 고호가 되고, 남편과의 불화와 힘든 시집살이를 재능으로 빛내는 『난설헌』이 되기도 하고, 『덕혜옹주』가 되어 냉대와 감시 속에 치욕을 견디며 살아본다. 17살에 엄마가 되어 희귀병을 앓는 자식을 키워보고, 부모보다 빨리 늙어버리는 병을 가지고도 『두근두근 내 인생』을 살아보기도 한다. 『감옥에 가기로 한 메르타 할머니』와 함께 노인을 홀대하는 사회에 흥분하지만 체념하지 않고 씩씩하게 사고치고 다니는 할머니가 되어본다. 성격 까칠한 『오베』가 되어 까칠함 뒤에 있는 따뜻함으로 이웃들을 보담아 주기도 한다. 『할머니가 미안하다고 전해 달랬어요』의 할머니처럼 미래의 내 손녀손자에게 슈퍼히어로 할머니가 되겠다고 다짐도 한다. 사랑을 잃고 비틀거리는 비련의 여인이 되어 지독한 사랑을 주기도 하고 받기도 한다.

어느새 나는 소설 속 주인공이 되어 그들의 눈으로 세상을 바라보게 된다. 섬세하고 따뜻하게 세상을 바라보게 된다. 예전엔 당연했던 일들이 이제는 고맙다.

그렇게 나는 알게 되었다. 이 고통과 슬픔을 품위 있게 견디려면 행복에도 불행에도 충실해야 하는 걸. 비상은 고통 끝에 겨우겨우 온다는 걸. 슬픔과 고통이 꿈의 궁전도 짓게 한다는 걸. 그래서 고난이 언제나 비극은 아니라는 걸.

책을 읽는 동안 내 고난은 너무나 하찮게 여기게 되었다. 내 엄살이 부끄러워졌다. 이렇게 책은 슬픔이 번지는 걸 막아 주고, 지옥이 세력을 넓히는 걸 막아주었다.

학자도 정치가도 사상가도 아닌 아버지인, 지아비인, 동생인 정약용이 되어 편지를 쓰고 『유배지에서 보낸 편지』를 나는 아들딸이 되어, 아내가 되어, 형이 되어 읽는다. 『책만 보는 바보』가 되겠다는 야무진 꿈도 꾼다. 마음만 있고 정작 행동은 하지 않는 나는 하찮은 행위라도 자연스럽게 몸에 밸 때까지 반복하여 자유를 만끽하라, 는 장자의 귀띔을 깊이 새긴다. 하늘과 땅과 우주를 가르는 아득한 '열하'의 호곡장이 아니어도 내 기쁨과 노여움, 슬픔과 즐거움, 사랑과 미움, 욕심을 다 토해 낼 나만의 호곡장을 찾아도 본다.

책을 읽으며 나는 세기를 넘나들고 공간을 넘나들며 산다. 남자로도 여자로도 노인으로도 젊은이로도 어린아이로도 살아본다. 사람들의 상처는 내 상처가 되고 옛 스승들의 철학은 내 철학이 된다.

어쩌면 앞으로 내게 닥쳐올지도 모를 일을 미리 겪어보기도 하고, 내가 전혀 상상도 못할 다른 세상을 구경하기도 한다. 이보다 더 매력적인 일이 있을까?

책은 나를 강하게 만든다. 야물게 만든다. 아니 책은 나를 말랑말랑하게 만든다. 부드럽게 만든다. 나는 앞으로 더 누구일수 있을까?

도서관 다녀온 날, 아무것도 가진 것 없던 나는 모든 것을 다 가진 듯하다. 책은 내게 아무것도 가지지 말고 모든 걸 다 가지라고 유혹한다.

아무것도 안 할 자유

내일 울릉도로 문학기행을 떠난다. 1박 2일, 짐이라 할 것까지 있나. 그래도 혹 필요할지 모를 이것저것 가방에 챙겨 넣고 자리에 누웠다. 책도 한 권은 넣어가야겠지. 다시 일어나기 귀찮다. 내일 아침 나갈 때 챙기지 뭐. 낯선 사람들과 괜찮을까. 꿔다 논 보릿자루처럼 앉아, 함께 가기를 권한 사람 신경 쓰이게 하지나 않을까. 이런저런 생각으로 잠이 쉽게 들지 않는다. 아득히 먼 스물한 살 때의 울릉도도 손에 잡힐 듯 내 머릿속을 떠다니며 잠을 쫓아버린다.

6시 20분까지 지하철 교대 역까지 가야 한다. 시간은 넉넉하다. 하지만 서두르라는 남편 등쌀에 일찌거니 집을 나선다. 한 3분쯤 걸었을까 아차, 챙겨 오려던 책을 두고 나왔네. 다시 돌아갈까. 한 말씀 들어야겠지. 에라 모르겠다, 그냥 가자. 뭐 대단한 독서

가라고.

지난번엔 배를 타고 돌았던 울릉도를 이번에는 버스를 타고 구경했다. 울릉도 일주 도로를 따라 달리니 울릉도에 속한 섬 죽도가 보였다. 멀리서 아래로 내려다보이는 죽도의 초록 평지는 잘 가꿔진 넓은 정원처럼 보인다. 평화로워 보이는 이 섬에 지금은 부부 한 쌍이 살고 있단다. 죽도에서 한 번 살아보고 싶다. 조용하고 쓸쓸하게. 고독 속에서 절절한 그리움이 명문으로 남게 될지 누가 아나.

나는 도시형 인간이다. 도서관도, 영화관도 대형마트도 백화점도 가까이 있어야 한다. 편리함과 문명에 길들여진 내가 섬에서 살 수 있을까. 그 적막한 섬에서도 나는 적막하지 않게 살 수 있을 것 같다. 책과 TV가 있고 인터넷만 된다면. 인터넷이 되려나? 이제는 전기도 들어오고 인터넷도 된다 하니 만사 오케이다. 아무것도 하지 않아도 될 자유가 있다면, 무언가 해야만 할 부담이 없다면 오히려 부지런을 떨지 않을까 싶어 괜히 몸이 가벼워지는 기분이다. 다음에는 죽도를 겨냥해서 꼭 다시 와야지.

꽉 찬 일정을 마쳤다. 3대가 적선을 해야 만날 수 있다는 맑은 날씨와 얌전한 파도 덕에 독도까지 구경하고.

피곤하다. 포항으로 돌아오는 배 안에서 머리로 노를 끄덕끄덕

저어가며 정신없이 잤다. 입을 벌리고 코까지 골았는지도 모를 일이다. 실컷 잤다고 생각되는데 두 시간밖에 지나지 않았네.

휴대폰에 저장된 사진을 들여다본다. 독도에서 찍은 사진을 친구들에게 보내며 '나 여기 있어' 자랑질도 한다. 카톡, 카톡, 39년 전 친구들과 함께 했던 울릉도를 추억하기에 여념이 없다. 그래도 시간은 더디 간다. 예전에는 뱃머리에 나가 배가 가르는 물살을 하염없이 구경하기도 하고 했는데 이제는 선실 바깥으로는 나가지 못하게 막아두었다. 배 안에 가만히 앉아 있어야 한다. 가만히.

나는 가만히 있는 걸 좋아한다. 지겨워하지도 심심해 하지도 않는다. 쓸데도 없는 이런저런 잡생각을 하며 가만히 있는 게 좋다. 바라던 바 아닌가. 아무것도 할 거리가 없는 상태, 가만히 있는 상태 말이다. 그런 내가 갑자기 그냥 보내는 시간을 아까워한다. 뭔가를 해야겠는데, 무언가 할 거리가 없는 게 초조하다. 책을 챙겨오지 못한 게 후회된다. 이제 뭘 하지? TV 채널권도 없고 읽을거리도 없다.

인터넷 검색을 한다. 데이터 사용량이 얼마 남지 않았다는 경고 문자가 뜨지만 무시하고 검색을 계속한다. 시간이 아깝지 돈이 아깝냐며. 김우창 교수의 「아무것도 하지 않는 것의 유익함」이라는 에세이에 눈이 멎는다. 그래 맞아. 요즈음은 최대한 아무런 생각도 행동도 하지 않고 그저 멍하니 앉아있는 '멍 때리기 대회'도 있더라. 아무것도 하지 않는 휴식 시간이 두뇌 안정에 커다란 도움을 준다고. 겉으로 보기에는 아무것도 하지 않는 것 같아 보이는 쉬는 시간이 몸을 회복시키고 재생시켜 기억력과 자신감, 창의력을 키우는 작용을 한다고. 무엇이든 진정 하고 싶어질 때까지 아무것도 하지 않을 자유를 누리란다. 권리를 누리란다. 멋진 말이다.

그런데 말이다, 그럴 자유와 권리는 월화수목금금금을 보내는 부지런하고 바쁜 사람들에 해당되는 말이지. 토일토일토일일을 보내는 나에게 비워내야 할, 안정해야 할 머리가 있던가. 생각해봐야 쓸데도 없고 별 수도 없고 행동은 결코 하지 않을 계획들로만 꽉 찬 머리가 아닌가. 나는 최소한의 움직임으로 산다. 아무것도 안하면서 더 아무것도 안하고 싶다 한다.

길이 막혀도 안달하지 않는다. 은행에서 병원에서 기다리는, 마냥 기다리는 시간도 지루해하지 않는다. 우두커니 바깥구경하고 사람 구경하고 유치하기에 나누고 싶지 않은 비밀스러운 생각을 혼자 할 수 있어 좋다. 멍 때리기 대회에 나가면 우승감일 내가 아무것도 하지 않는 이 시간을 못 견뎌하다니. 내 의지로 가진 자유가 아니라 강제로 주어진 거라 그런가? 요 정도도 못 견디면서 죽도에서 적막한 시간을 보내겠다고? 전기도 끊기고 인터넷도 끊기고 그때는 어쩌려고?

그야말로 멍 때리기 딱 좋은 이 시간에 나는 내 머릿속을 비우기로 한다. 마구 뒤엉킨 행동 없는 계획들, 헝클어진 게으른 생각들을 깨끗이 정리하기로 한다. 길게 차지하고 있던 내 붙박이 자리도 박차고 일어나야지. 이제 아무것도 하지 않을 권리가 아닌 무언가 열심히 할 자유를 만끽해 보기로 마음먹는다.

이제 때가 왔나보다, 뭔가 진정 하고 싶은 때가. 게으른 내 일상에서 일탈이 아닌 영원한 탈피를 다짐한다. 이 다짐이 다짐만으로 끝나지 않기를 다짐한다.

…… 현관문을 들어서는 순간, 또다시 스멀스멀 들이미는 내 바람.

아, 아무것도 안 하고 싶다!

천 원으로 되찾은 꿈

5월이다. 폴짝폴짝, 징검다리처럼 연휴가 끼어있다. 이렇게 좋은 날 방 · 콕 한다면 연휴에 대한 예의가 아니지.

전주 한옥 마을로 나들이를 했다. 가는 길에 진안휴게소에 들렀다. 요즘은 휴게소에도 볼거리가 많더라. '어, 이게 뭐야? 처음 보는 자동판매기가 있네.' 자동 손금보기이다. 로마의 보카델라 베리타광장에 있는 〈진실의 입〉 모습을 하고 있다. 강의 신 〈홀르비오〉 얼굴을 조각한 〈진실의 입〉은 중세 때부터 정치적으로 이용되었다. 사람을 심문할 때 심문받는 사람의 손을 입 안에 넣고, 진실을 말하지 않으면 손이 잘릴 것을 서약하게 한 데서 이런 이름이 붙게 되었다. 만약 진실을 말하더라도 심문자의 마음에 들지 않으면 무조건 손을 자르도록 미리 명령이 내려져 있었다니, 허 참!

투입구에 1000원을 넣고 화면에 왼손을 올리고 손금이 촬영되기를 기다린다. 또 조금 기다리면 분석된 손금 내용이 인쇄되어 나온다. 심문자의 마음에 들어야 진실이듯이 이 또한 손금 주인의 마음에 들어야 진실이렸다.

'실천력이 강하고 독립심도 의지도 강하고 이지적이고 활동적이고 순발력도 빠르고 판단력도 빠르다.'라는 내 손금풀이. 이는 다음 생에서나 바랄만한 일이다. 나는 실천력도 독립심도 의지도 약하고 전혀 활동적이지도 않고 순발력도 없는데.

아들의 손금은 참 잘 맞다. 온화, 부드럽고 포근, 원만, 화합, 안정, 이런 말들의 연속이다. 딱 내 아들의 모습이고 성격이다. 정의롭고 판단력이 빨라 사물을 꿰뚫어보는 통찰력도 뛰어나단다. 장래가 보장되고 안정 생활도 계속되고, 자식 덕을 크게 볼 터이니 자식을 크게 밀어주라 한다.

결혼도 안 하겠다는 녀석이었다. 여자 친구가 생기고부터는 내가 언제? 하며 결혼을 생각하더라. 좋은 아빠 말고 좋은 삼촌만 되겠다던 녀석의 생각도 이제 바뀌겠지.

가정을 부드럽고 포근하게 이끌고 부부생활은 지극히 원만하단다. 화합이 잘 되고 서로에게 도움을 준다니, 일생동안 안정되고 행복하다니 이보다 더 좋을 수가! 캬, 아들의 앞날이 5월의 하늘처럼 파랗게 높게 그려진다. 아들 손금으로 본 성격이 맞는 걸 보면 창작력이 뛰어나다는 내 운세도 맞겠지.

기분이 좋아진 나는 다른 곳에서 어슬렁어슬렁 구경하던 남편을 끌고 와 손금을 보게 한다. 좋은 말뿐이다. 흠, 영 아닌데…. '부부생활은 개성이 강해 대부분 원만치 못하다. 배우자는 순수하고 솔직한 여성이 어울린다.'라 씌여진 애정 운세에서야 "이거 딱이네"하며 탄복을 한다. '대부분'이란 글자를 '누구하고 살아도'로 내 마음대로 고쳐 읽으며.

나는 "누구나 인정하는 순덕順德이. 나하고도 잘 안 맞는데 누구랑 잘 살겠노. 순수하고 솔직한 여성을 만났는데도 불구하고 본인만 잘 낫다고 우기니 원만치 못한 거는 당연하다." 하고, 남편은 "순수하고 솔직한 여성을 못 만나서 그렇다."한다. "우리 주변 사람 100명을 불러 물어봐라, 누가 날 순수하고 솔직한 여성이 아니라고 하겠나." 나는 더 빡빡 우긴다.

아들과 내 손금풀이를 읽는다. 좋은 말은 다 맞네 맞네, 감탄하며. 남편 것은 좋게 풀이된 부분에는 빠르게 대충 읽어 내려가며 이건 아닌데, 투덜거린다. 단점에는 크고 똑똑하게 읽으며 아, 이거 맞네, 딱 맞네 하며 깔깔거린다.

1000원 투자해서 열 배나 백 배나 더 기분 좋은 소리를 들었다. 게다가 남편 골려먹는 재미까지 덤으로.

점 하니 생각나는 일이 있다. 대학 4학년 가을이었을 게다. 노란 은행나무 낙엽들이 푹신하게 깔려있는 용두산 가로수 길은 기막히게 아름답다. 친구들과 그 길을 걸으며 안개 속에 갇혀 보이지 않는 결혼과 취직에 대해 이야기를 나누었다. 답도 끝도 없는 이야기를 이어가려 우리는 광복동으로 향했다. 광복동으로 통하는 계단으로 내려오니 노인 한 사람이 말을 걸어왔다. 노인은 사주팔자를 보는 사람이었다. 우리는 누가 먼저랄 것도 없이 눈빛 한 번 '쨍' 하고 마주침으로 의기투합하여 점집으로 들어갔다. 복채는 1000원이었다. 그 시절 영화비와 자장면 값을 비교하면 그리 비싼 집은 아니었다. 어쩌면 꽃 같은 여학생들이라 실비로 봐주었을라나.

친구들에게는 결혼에 대해 말해주었다. 결혼을 일찍 해라, 늦게 해라, 해외에 가 살겠다는 등등. 나에게는 글을 써서 밥 벌어먹겠다고 했다. 꿈에서도 꿈꾸지 않던 일이라 농담처럼 웃고 넘겼다. 내가 흘려버린 그 말은 나도 모르게 나에게로 와 깊이 박혀 있었나보다. 오래도록 구겨져있던 그 말이 나를 흔들어 깨운다. 늦었지만 사주대로 살 때가 되지 않았느냐고. 팔자, 그만큼 오래 방치해뒀으면 되지 않았느냐고. 글을 써서 밥 벌어 먹으라고.

드라마 '시카코 타자기'의 유아인에게는 글이 밥도 주고 차도 주고 집도 주던데 내 글도 밥을 주려나? 드라마 속 작가처럼 글이 주는 밥이 너무 어마어마해서 오히려 그리될까 지레 겁부터 먹는다. 떡 줄 사람 생각도 않고 그 대단함에 주눅이 들어 내 꿈 풍선은 점차 바람이 빠져 쪼그라든다. 뭐 괜찮다, 쪼그라들어도. 내가 원하는 건 진수성찬이 아닌 소박한 밥상이고, 많이 먹지도 않는 밥, 그걸 못 벌어먹겠나. 글로 밥 벌어 먹겠다는 사주팔자를 믿어 보자. 믿는 자에게 복이 있나니, 나는 '그 말 믿~~~씁니다!'며 주먹을 쥔다. 찬밥에 물 말아 김치하고만 먹더라도 밥은 밥이지.

타고난 내 품성, 내 운세는 어디 꽁꽁 숨어 있을까. 이제라도 늦지 않았으니 타고난 대로 살아보리라. 그게 나에 대한 예의가 아니겠는가. 거스르는 게 운명이라고? 이렇게 멋진 운세를 왜 거스르고 맞서겠나. 1000원짜리 운세를 믿느냐고? 그래도 어쩌랴, 천 원짜리 운세에도 희망을 품을 수 있는 나인걸. 자기운을 스스로 개척해나갈 재능도 있다는 걸.

내 것이 아니라고 믿어왔던 내 것들, 다 받아들이자. 숨어 있던 나를 끄집어내어 멋지게 써버리자.

오, 천 원으로 산 희망이여!

고개를 넘자니

스물아홉까지만 살리라 했다. 스물아홉, 내게는 오지 않을 나이라 여겼기에. 아무런 생각 없이 주는 사랑만 받아먹던 스무 살 즈음만이 내가 살 세상일 줄 알았기에. 스물아홉 살까지만 산다 해서 결혼했건만 서른아홉 마흔아홉을 넘기고도 여전히 살아있다고, 완전 속은 결혼이라 남편은 억울해한다.

쉰아홉도 지나 이제 곧 환갑이다. 이 나이가 되다니 믿기지 않는다. 아이 손을 잡고 다니는 새댁도 되었다가 재잘거리는 여학생도 되었다가, 커트라인도 없는 착각 속에 빠져서 저만치 쇼윈도에 비친 늙고 심통난 여자가 나라고 절대 생각하지 않는다. 사진 속의 내 모습은 더 적나라하다. 구부정한 등에다 코끝까지 내려쓴 안경 너머로 올려다보는 노인이 나라니, 그럴 리가!

폭탄 맞은 듯한 머리를 아무렇게나 질끈 묶고 다녀도, 찢어진

청바지를 입어도 눈부신 젊은이들. 부럽다. 하지만 그 나이로 되돌아가고 싶지는 않다. 우찌 지나온 세월인데.

나를 지나간 사람, 일, 감정이 눈앞에 펼쳐진다. 좋은 부모 밑에서 할머니 사랑까지 넘치도록 받았다. 아이들도 남자애라면 흔하게 겪었을 팔다리 깁스 한번 한 적 없이 얌전하게 잘 자라주었다. 다음 생에서는 더 좋은 아내를 맞이하도록 놓아주고 싶은 내 남편에게도 그래, 고맙다고 말하련다. 입에 침 잔뜩 바르고.

넘치도록 받은 사랑이 문제였을까. 어둡고 추운 터널이 길지도 않았건만 왜 그리 못 견뎌 했는지. 얼른얼른 시간이 흘러 내 생이 끝났으면 할 때가 있었다. 둘째 놈까지 대학 졸업하고 졸업과 동시에 결혼 시키고 내 임무가 끝날 시간, 쉰일곱 살까지는 살자, 어쨌든 살자 했다. 징징거리며, 쉰일곱을 기다리며 터널을 걸었다.

사람 사는 일이 역할극이라면 나는 참 쉽고 편한 역할을 맡았다. 그것도 모른 채 나는 왜? 내가 왜? 호강에 겨워 쏟아낸 불만은 얼마나 많았던가. 엄살은 또 얼마나 심했던가. 부끄럽다. 어쩌면 내 차지가 됐을지도 모를 힘들고 어려운 역할을 대신 맡아준 사람들에게 미안하다.

이런 생각들이 '어쨌든 쉰일곱까지는'을 잊게 했다. 새롭고 건강하고 따뜻한 희망들이 비집고 들어와 나를 응원했다. 어떤 장애물이 기다리고 있어도 기꺼이 살아가야한다고. 인생은 살아있기만 하면 어쨌든 풀리는 법이라고.

어쩌다보니 어른이 되었다. 가끔 아니 자주, 머리에서 뱅뱅 도는 낱말이 입 밖으로 나오지 않아 답답하다. 똑똑한 젊은이들이 하는 강연을 들어보면 아, 저, 어 하는 뜸 들이는 말 한마디 없이 청산유수다. 너무 빠르고 막힘이 없어 숨 가쁘다. 그래서 오히려 남는 게 없다. 그 있잖아, 아 그거 있잖아, 그래 그거 말이야, 그 사람 말이야 하며 함께 머리를 싸매는 시간은 따뜻함으로 남는다. 돌아서면 다시 까맣게 잊을지라도 함께 쉬어가는 시간은 정답다.

행복 속에 있을 때는 행복을 몰랐다. 행복 바깥으로 밀려나니 행복이 보이더라. 행복을 찾아 헤매었다. 이제는 행복을 찾지 않는다. 행복, 오면 오는 거고 가면 가는 거지 소란 떨며 찾아다닐 일은 아니더라. 제법 달관한 사람처럼 결론을 짓지만 달관되지 않는 게 한 가지 있다. 돈이란 녀석이다. 도대체 이 녀석은 나를 좋아하지 않는다. 애면글면 저를 쫓지 않는 나에게 삐쳐서일까. 돈이 없을 때를 생각하면 무섭다. 그야말로 입에 풀칠만 하고 살아야 할 때가 온다면 어떻게 살까. 모든 관계를 다 끊고 도서관에 파묻히리라. 책을 읽고 또 읽고, 읽은 지혜들이 감성들이 머리에서 마음에서 폭발하여 글이 되어 나오리라. 아, 이건 내가 그리던 삶 아닌가. 돈이 없어서, 돈이 없어야 내가 꿈꾸는 삶을 살 수 있다니 이런! 이로써 돈 문제도 다 해결이 됐다.

스스로 기특해할 정도로 지혜도 생겼다. 앞으로 살아갈 날 중에서 지금이 가장 화양연화임을 알았고, 모든 일이 다 좋지만도 다 나쁘지만도 않다는 사실도 알았다. 어떻게 살아야 할지, 어떤 삶이 옳은지는 여전히 알쏭달쏭하지만 어찌 살든 후회는 하리라는 것도 안다. 인생에서 가장 크게 성공한 적이 언제인가라고 묻는다면 지금이라고 나는 답하련다. 정말이다. 앞으로 날마다 날마다 나아질 터이다. 몸은 점차 더 낡아지더라도, 낡아서 오히려 반드러울 터이다. 나이 먹는 일 생각보다 괜찮네.

육십갑자를 한 바퀴 돌아 원점으로 돌아왔다. 자, 이제 다시 시작이다. 이번 부활전에서는 허점 투성이던 내 빈틈에서 따뜻한 뭔가가 차오르고 새어나올지 모를 일이다. 내 모자람이 어쩌면 나의 특별함이 될지도 모른다고 근거 없는 희망을 가져본다.

'새희망호'를 띄운다는 소문이 돌았는지 손님들이 몰려온다. 넘쳐나는 뱃살 버리기, TV 보는 시간 줄이기, 누워있는 시간 줄이기 등등. 하나라도 놓칠세라 꽉꽉 밀어 넣는다. 이미 만차이건만 욕심은 많아가지고.

부활 전날부터 시험 운전을 한다. 새벽부터 일어나 빡빡한 시간표대로 움직인다. 이틀을 신나게 달리던 '새희망호'가 끽 멈춰섰다. 더 이상 나가지를 않는다. 정원 초과였던 거다. 아이쿠.

결코 지나치지 않게 적당히! 라고 소크라테스가 말했다지.

미녀와 야수

전생에 나는 하늘나라 공주였을 게다. 참을성도 없고 갈피를 잡을 수도 없이 맘 내키는 대로 이 남자 저 남자를 울리고 다니던, 아버지 옥황상제의 속을 무던히도 썩이던, 이승으로 내려가 감당하기 어려운 남자를 남편으로 맞아 살라는 벌을 받은.

적당한 장발이 예쁘게 어울리던 그 남자. 뽀얀 얼굴에 검정색 뿔테 안경도 잘 어울리던 그 남자. 선하다 못해 꺼벙하게까지 보이던 그 남자. 나만을 위해 이 세상 끝까지 갈 것 같던 그 남자. 씨익~하고 웃어주는 그의 모습에 나는 눈도 멀고 귀도 멀고 마음마저 다 멀어 버렸다. 그 남자와 기꺼이 결혼을 한다. 그게 상이지, 벌이냐며.

세월은 그를 변하게 했을까 나를 변하게 했을까. 나를 혹하게 만들었던 방대한 지식들은 저만 옳다는 고집으로, 나를 혹하게 만들었던 자유로움 여유로움은 이제 힘겨운 세상살이를 외면하려는 무책임으로 보인다. 그는 어느새 권위 없어 권위만 부리려는, 자존감 없어 자존심만 내세우려는 사람이 되어있다. 자기가 아는 하나가 세상의 모든 지식이고 법이고 진리라고 믿어 의심치 않는 철옹성이 되어 있다. 귀는 열고 입은 닫아야 할 나이에 귀는 닫고 입만 열어 공자 왈 맹자 왈 한다. 예전의 매력들이 지금은 지겨움이 되어버렸다. 자기를 알아주지 않는 세상에 대한 원망을 술로만 풀려하는 것 같다. 술 때문인지 나이 때문인지 늘어진 턱밑 살에 심술만 가득 차 보인다. 놀부의 심술보라고 놀려먹기 딱 좋게. 그토록 순박하던 모습은 어디로 갔는지.

사랑만이 함께 했던 우리의 나라에 어디선가 날아온 미움이라는 조그만 씨앗이 퍼져서 점점 세력을 넓히고 뿌리 깊은 사랑을 밀어내고 뽑아내려 한다. 사랑은 점점 힘을 잃어간다.

나는 투덜거린다, 남편의 못마땅함을. 내 투덜거림에 친구들은 나무란다. 곱고 곧게만 자라 약게 행동하지 못해서라고. 강하게 한방 훅 먹이고 여유롭게 빠지기를 못해서라고. 결혼 초에 피터지게 싸웠어야 했는데 깨지고 터지는 걸 두려워하고 피해서라고.

친구들은 또 나를 부러워한다. 세상살이에 닳지 않아 여전히 약지 못하고 꺾이지도 휘어지지도 않고 끝끝내 퉁명스럽고 고집스러운, 변하지 않은 내 성격은 남편이 나를 잘 받쳐주고 인정해주고 살았다는 의미라면서. 그토록 사랑하던 사람과 헤어지지 않고 결혼까지 해서 질기게 살고 있다면서.

아, 그때 왜 우리 사랑을 말리는 사람이 아무도 없었을까. 누군가, 무언가의 방해로 우리 사랑이 이루어지지 못했더라면, 그랬더라면, 지금 얼마나 사무치게 그리워할 당신인가.

영화 '미녀와 야수'를 보았다.

멋진 성에 살던 멋진 왕자님이 마법에 걸린다. 하룻밤만 쉬어가게 해달라는 늙은 여자 거지의 부탁을 거절한 벌로 진정 사랑하는 여인이 나타날 때까지 야수로 살게 되는 마법이.

마을의 아름다운 처녀가 야수의 포로로 성에 갇혀 살게 된다. 아가씨와 야수는 여차저차 여러 사건을 겪으면서 차츰 마음을 열어가고 진정한 사랑을 하게 되고 야수는 아름다운 왕자로 돌아가게 된다는 뻔한 이야기이다. 이 비현실적이고 뻔한 영화가 내 마음을 따뜻하게 데워준다.

마을 사람들은 보려하지 않는다. 왕자의 까칠하고 거만한 성격 뒤의 상처를. 나도 모른다, 내 남편의 아집 뒤에 숨은 상처를. 남편의 상처와 아픔은 무엇이었을까. 이루고 싶었던 크고 번쩍거리는 뭔가가 되지 못해서일까. 물 위의 꽃처럼 한가하게만 살고 싶었던 걸까. 이름대로 김삿갓이 되어 죽장에 삿갓 쓰고 바람 부는 대로 마냥 흘러 다니고만 싶었던 걸까.

가장으로서의 무게였을까. 내가 그 어깨에 얹힌 짐일 거라는 자격지심이 나를 비꼬이게 한다. 힘 있게 앞에서 끌어주지도, 뒤에서 밀어주지도 않는 아내가 얼마나 미웠을까. 급기야 나는 얼토당토않은 생각까지 한다. 혹시 내가 너무 좋은 아내였기 때문은 아니었을까. 명품 백에 명품 옷을 걸치고, 아이들 고액 과외비로 그의 등을 휘게 만들었다면? 내 한심한 상상은 그를 한심한 남자로 만들어버리고 내 옹졸한 상상은 그를 옹졸한 남자로 만들어버린다. 그에게 어떤 일이 일어났는지 그의 마음에서 어떤 전쟁을 치르고 있는지 알려고도 하지 않는다. 함께 싸워줄 생각도 하지 않는다. 날 업고 신나게 달려주지 않는 그를 책망만 한다. 나는 끝끝내 나를 피해자로 남긴다.

영화를 보는 내내 나는 반성했다. 나의 몰이해와 오만이 그를 야수로 변하게 한 것이라고. 나는 피해자가 아니라 오히려 가해자라고.

남의 남편에게는 천사가 되고 내 남편에게는 악마가 되는 이 심보는 대체 뭘까. 뭐 그건 남편도 마찬가지. 남의 편이니 '남편'이겠지. 친구는 남편이 남의 편이 아니라 내 편이 되기를 바라며 휴대폰에 '내편'이라고 저장했단다. 또 한 친구는, 이제와 생각하니 남편이 덤터기가 아니라 로또 복권이었다고 '로또'라고 저장했단다. 상처를 안고 야수로 살아가는 가엾은 남편을 영원히 남의 편으로 놔둘 것인가 내편으로 만들 것인가, 영원히 덤터기로 놔둘 것인가 로또로 바꿀 것인가. 이것은 미녀인 내가 선택할 일이다.

나는 야수의 상처를 보담아 마음을 열게 하고 다시금 사랑을 찾아 왕자로 변하게 하는 미녀가 되겠다고 마음먹고 극장을 나왔다. 야수의 멋지던 옛 모습부터 봐 왔던 내가 아닌가. 왜 그 왕자님을 기억해내지 않고 지금 야수의 모습만을 지겨워하는가. 처음 그 모습 그대로 돌아가게, 아니 더 멋지게 나이 먹은 황제로 변하게 하리라, 영화를 보는 내내 나는 다짐했다.

짧은 일탈, 나는 미녀가 되어 돌아왔다. 하지만 미녀를 맞이하는 이는 왕자님이 아니라 야수다. 영화를 보며 마음먹었던 그 다짐을 연기처럼 사라지게 하는. 아놔! 이 거룩한 결심을 한 방에 허물어뜨리는 그대 당신아. 나도 다시 야수를 미워하는 마을 사람이 된다.

아, 나는 진정 미녀가 아니었단 말인가?

제자리 찾기

“네 며느리 땡 잡았다. 너처럼 수월하고 순한 시어머니가 어디 있겠노.”

친구가 말한다. 그건 내 친구니까 하는 말일 뿐이고. 아무도 모른다. 언제 숨겨져 있던 내 참모습이 날카로운 발톱을 세우고 나와 여린 며느리를 할퀴게 될지는.

온전히 내 아들이었다. 여기 이 자리에 서서 저만치 멀어져가는 아들을 바라본다. 아니다, 거기 그 자리에 있는 아들을 두고 내가 점점 작아지고 사라져간다. 아무도 빼앗지 않았는데, 아무것도 빼앗긴 것 없는데 이 허전함은 뭔가.

방구들을 짊어지고 누워 온갖 근심을 다 끌어 모은다. 쓸데없는 걱정으로 동굴을 파고든다. 헤어 나오기 어려운 깊은 땅굴 속에서는 아들의 무심함도 며느리 탓으로 돌려진다. 나도 어쩔 수없는 시어머니다. 이래서 시어머니 심술은 하늘이 내린다 하는가 보다. 이래서 '시'자가 붙은 시청은 돌아가고 시금치도 안 먹는다 하는가 보다. 남의 일인 양 찧고 까불던 농담이 내 말이 되었다. 아프다.

어머니~~! 전화 저편에서 들리는 수줍고 떨리는 목소리. 마음을 앓으며 쌓던 내 벽은 금세 허물어진다. 봄볕처럼 따뜻한 그 기운에 힘도 한 번 못 써보고 노글노글 녹아내린다. 나는 살얼음 벽돌로 벽을 쌓고 있었던 것이다. 에휴.

형님들은 걱정이 많았다. 내가 아이들을 너무 좋아한다고, 그리 좋아하다가는 마음 다친다고. 나는 내 아이들만 좋아하는 게 아니다. 아기들을 어린이들을 젊은이를 아니 사람들을 좋아한다. 예쁜 것을 예뻐하는데 어찌 좋아하지 말라고들 하시는지….

노랑 병아리 같던 내 아가들은 어느 새 청년으로 자랐다. 친구도 되어주고 연인도 되어주고 보호자처럼 굴기도 하더니 이제는 각자 제 가정을 꾸리려 한다.

젊은 부부들이 행복하게 사는 모습을 보라. 그들의 의식 속에는 부모는 이미 없다. 지 새끼 지 마누라뿐이다. 나도 내 남편이 그래주기를 바라지 않았는가. 바라기만 했던가. 그래주지 않는 남편을 얼마나 원망하고 분노했던가.

없던 효심도 생기고 없던 우애도 생겨나는 결혼, 좋다. 그런데 말이다, 그 새로 생긴 효심과 우애를 왜 새 사람에게만 미루고 강요했는지 참 모를 일이다. 나는 자신 있었다. 산뜻하게 깔끔하게 인수인계를 할 자신이. 내가 널 어떻게 키웠는데 하며 섭섭해 하지 않을 자신이. 업고 안고 다니느라 허리가 휘어졌어도 삼키지 않는 밥 넘어가게 하느라 내 청춘을 다 보냈어도 마음껏, 야무지게 사랑했기에.

아들만 둔 들들이 엄마 둘이서 꽃마을로 나들이를 갔다. 숲 공부를 하는 친구는 꽃나무를 보며 설명한다. 암술과 맺어지기를 원하는 수많은 수술을 보라고. 얼마나 잘 해야 암술에게 사랑을 받을 수 있겠는지 보라고. 이 수많은 수술이 우리 아들들이라고.

오랫동안 남자가 득세하고 살았다. 이제 세상이 바뀌려하고 있다. 왜 하필 내 아들 대에 와서 이렇게 세상이 바뀌느냐고! 오호 통제라.

친구는 조카딸이 결혼해서 사는 모습을 보고 어떤 애가 내 며느리로 들어올까 심히 걱정이 된단다. 나는 어떤 며느리였을까. 싹싹하기를 했나 부드럽기를 했나 명랑쾌활하기를 했나. 참으로 별로인 며느리였을 것이다. 아니 '였을 것이다' 가 아니고 '였다'. 나는 어떤 며느리를 원하는가. 뭐니 뭐니 해도 내 아들에게 잘하는 며느리가 최고겠다.

내 아들은 내 아들, 며느리의 아들은 아니렸다. 며느리에게는 남의 아들이렸다. 며느님에게 아들을 보내려고 보니 내게 온 남의 아들을 구박한 일이 마음에 걸린다.

늦은 밤, 남편이 뭔가 먹고 싶다고 하면 오늘 영업 끝났다고 핀잔주고, 아들이 뭔가 입맛을 다시면 분부만 내리십시오, 기다리고 있었다는 듯 튕기듯 일어난다. 괜찮다고 하는 데도 뭐 줄까, 뭐 줄까 귀찮게 물어보고 또 물어봐 결국 아들을 짜증나게 한다. 그 짜증에 나는 삐치고.

'냉장고를 부탁해'라는 TV 프로에 가수 환희가 나왔다. 부모님과 함께 사는 집에서 그대로 옮겨온 그의 냉장고에는 다른 종류의 계란 두 판이 나왔다. 하나는 자기가 먹는 계란이고, 하나는 아빠 거란다. 엄마는 아들용 계란으로 비싼 유정란을, 남편용 계란으로 가격 부담 없는 무정란을 산단다. 헉! 찔린다. 그래도 나는 저 정도는 아니야. 오늘따라 남편의 흰머리가 짠하다.

작은 녀석이 고등학생이었던가? 외식을 하고 돌아오는 길이었다. 만화책을 빌리러 가겠다고 했다. 큰 녀석이었다면 어림 반 푼어치도 없을 일을 흔쾌히 허락하는 나를 보고 남편이 놀란다. "엄마는 편애가 너무 심하다. 재현이한테 가는 마음 반만 형님에게 너그럽고, 형님한테 가는 마음 십 분이 일만이라도 아빠에게 너그러우면 얼마나 좋을까." 하고 아들에게 푸념한다. 오 불쌍한 남의 아들.

그래, 내 아들이 귀한 대접 받기를 바란다면 내게 온 남의 아들에게도 대접을 해야겠지. 내 아들들이 빠져나간 자리, 제일 앞자리를 남의 아들에게 내줘야겠다. 아이들에게 빼앗겼던 자리, 아니 양보했던 자리, 본래 제자리를 찾아줘야겠다.

여자 셋

흐지부지 될 줄 알았겠지. 설마 설마 했겠지. 진짜로 우리만 떠날 줄은 몰랐겠지.

삼동서가 뭉쳤다. 김 씨 집안에 시집와서 30년 넘게 충성을 바쳤다. 이만하면 자찬할 만하지 않나. 스스로에게 상을 내려도 되지 않겠나. 이베리아 반도의 자유를 찾아서 10일간의 일탈을 하기로 했다.

스페인, 포르투갈 여행을 20여 일 앞둔 지난 해 추석, 경주 형님이 홍삼정과를 선물로 주었다. 홍삼 먹고 힘내서 있는 힘껏 신나게 놀다 오자고.

인천공항에서 출발했다. 독일 프랑크푸르트 공항에서 환승해야 한다. 환승시간까지 두 시간쯤 여유가 있다. 독일 공항 면세점이나 들러볼까 하고 나섰다. 별 구경 거리가 없다며 돌아가자 한다. 갔던 길 그대로 되돌아왔다. 아무리 가도 우리가 출발했던 장소가 나오지 않는다. 우리는 단지 길 따라 왔다가 길 따라 돌아갔을 뿐이다. 얼마 가지도 않았다. 지나쳐 왔나 싶어 다시 돌아가도, 또 돌아와도 보이지 않는다. 상점 주인에게 물어도 공항 직원에게 물어도 입국장을 통과하란다. 아 글쎄, 우리는 입국 심사를 마치고 게이트에서 대기하고 있었단 말이다.

인솔자 전화는 꺼져 있다. 국내여행사로 전화를 해보려 로밍을 해도 그것도 쉽지 않다. 우리는 분명 입국장을 거쳐 20번 게이트 앞에서 기다리고 있었다. 그 20번 게이트는 대체 어디로 사라졌을까.

모이기로 한 시간은 다 되어 가고 점점 초조해지기 시작한다. 총기 있고 성실해 보이는 경찰관에게 다시 물었다. 입국장을 통과하라고, 다른 사람이 가르쳐 준 거랑 똑같이 말한다. 우리는 입국 심사를 마치고 게이트에서 대기하고 있었다고, 20번 게이트 앞에서 몇 미터 걸어 나왔을 뿐이라고, 그 긴 말을 어떻게 영어로 한단 말인가. 아 놔! 벌겋게 달아오른 얼굴로 허둥대는 꼴을 보고 그 야무진 경찰관은 우리를 진정시킨다. "캄 다운, 캄 다운. 룩 엣 미!" 우리의 눈을 들여다보며 잠시 숨을 고르게 하더니 손가락으로 천천히, 단호하게 길을 알려준다.

벌써 몇 바퀴나 돌았지만 우리가 찾던 길은 나오지 않았다. 그가 가르쳐 준 대로 하는 수밖에 어쩔 수가 없다. 긴 줄을 기다려서 다시 입국 심사를 받고 나가자 우리가 찾던 낯익은 그 길이 마술처럼 나타난다. 반짝, 우리의 눈은 빛난다. 하지만 길을 찾았다는 기쁨은 잠시 스쳐 왔다가 가 버린다. 이미 시간은 늦었다.

환승 비행기는 벌써 이륙했을 거다. 몸은 땀으로 범벅이고 정신은 후줄근하다. 오늘 밤은 어디서 보내나, 또 내일 합류는 어디서 하나. 공항에서 노숙을 해봐? 서툰 영어로 버벅거리며 리스본행 비행기 표 끊을 일을 상상하니 헛웃음이 나온다. 그것도 재밌겠다. 여행에서 제일 기억나는 건 고생했던 일 아니던가. 터덜터덜 20번 게이트 쪽으로 걷는다.

아니, 저 사람들은 우리 일행이 아닌가. 우리가 보았던 8시 30분은 이륙 시간이 아니라 탑승 시작 시간이었다. 이제야 글이 제대로 보인다. 게다가 45분이나 연착이 되었다니. 인솔자의 무신경함, 무책임을 거칠게 항의해도 인솔자의 심장은 용가리 통뼈로 만들어진 듯 끄떡도 없다. 애태우던 일을 생각하면 화가 나지만 합류했으니 그것으로 됐다.

국제미아가 될까 불안해하던 속마음은 온데간데 흔적도 없어졌다. 자, 이제 한숨을 돌린 우리의 허세가 시작된다. 김 씨들에게 벗어날 절호의 기회를 놓쳤다며 아쉬워하고, 여자 셋이 힘을 합치면 맨손으로 소도 잡는다는데 일행을 놓쳤던들 뭐가 걱정이냐 한다.

얼마나 고소해 할 것인가. 남편을 버리고 가신님들이 십리도 못 가서 발병이 날 뻔했으니. 도원결의를 하던 유비, 관우, 장비가 되어 우리는 결의를 한다. 이 사건을 비밀로 하기로.

다행인지 불행인지 국제미아가 되지 못한 우리는 리스본 거리를 돌아다닌다. 소박하지만 뜨겁다. 정작 가게 안은 텅 비어있고 파라솔을 이고 있는 야외 테이블에는 사람들로 넘쳐난다. 쏟아지는 햇빛을 받으며 담배를 피우고 맥주를 마신다. 유모차에서 방실거리는 아기를 바라보는 사람들은 여유롭다. 아등바등함도 치열함도 없어 보인다. 이런 곳이라면 국제미아가 되어도 괜찮겠다. 햇빛 좋은 이국의 땅 끝 마을에서 올리브 열매를 따며 삼동서가 함께 여생을 보내는 것도 낭만이 있겠다.

여행을 왔으면 그 나라 음식을 먹어봐야겠지. 저녁으로 포르투갈의 대표 음식 '바깔라우'를 먹는다. 소금에 절여 말린 대구를 감자와 양파와 함께 볶은 것에 밥이 곁들어 나왔다. 에계, 뭔 밥이 이래? 한 알 한 알 풀풀 날아가겠네.

그래 맞아, 우리는 이리저리 따로따로 날리는 밥알이 아니었다. 남편과 유럽으로 한 달을 여행한 친구는 혼자 돌아오는 법을 몰라서 참고 또 참으며 끝까지 함께 했다지 않던가. 오랜 시간을 함께 여행하면 둘도 없던 친구와도 절교를 하기 쉽다는 데, 위기 앞에서 우리의 결속력은 더 단단해졌단 말이다.

우리는 다 다르다. 영도 형님은 시원스럽다. 화통하다. 경주 형님은 아주 똑 소리가 나는 똑순이다. 여기가나 저기가나 나는 얼뜨기다. 달라서 잘 어울린다. 서로가 다름을 인정하고 잘남은 치켜세워주고 모자라는 부분은 보태 채워주고 그렇게 우리는 아우른다.

이번 설날에도 형님이 홍삼정과를 선물했다.
"이거 먹고 또 어디 가자고요?" 나는 설레발을 친다.
"일단 먹고 힘내서 생각해 보자고!"

지남철

작고 예쁜 공처럼 통통 튀며 사분거리는 그를 유쾌해하지 않는 사람이 없다. 가지런한 이를 드러내고 콧등에 잔주름을 잡으며 생글거리는 그를 사랑하지 않을 도리가 없다. 언니야! 언니야! 하릴없이 불러쌓는 그녀에게 퉁을 주지만 언니야! 하고 부르는 소리를 들으면 나도 모르게 배시시 웃음이 난다. 그와 나는 단짝이다.

그와 함께 백령도 가는 날이다. 백령도를 향해 밤새 먼 길을 달렸건만 짙은 안개가 뱃길을 묶었다. 안개가 걷히길 기다리다가 포기하고 태안반도로 차를 돌렸다. 맛 집으로 이름난 식당에서 바지락 죽을 먹고 바로 길 건너편에 있는 곰소 해수욕장으로 향했다. 조용하고 쓸쓸한 바다는 젊은이들의 열기로 채워진 화려한 부산 바다와는 다른 멋이 있었다. 우리는 바다를 처음 본 듯 사진 찍느라 바빴고 젓갈로 유명한 곰소시장에 가서는 또 젓갈 사느라 정신이 없었다. 설레발을 치며 쫓아다니느라 일행 중 한 분이 식당 앞에서 넘어져 발목을 접질린 것도 몰랐다.

일흔이 넘은 그분은 젊은이들과 잘 어울렸다. 나이 대접받기를 원하기는커녕 다른 사람에게 폐를 끼칠까 몹시 신경을 썼다. 그런 분이 넘어져서 발목을 접질렸다. 얼마나 당황스럽고 아팠을까. 다친 것을 감추고 혼자 견뎌보려 했던 사실이 알려지자 그는 몸 둘 바를 몰라 하며 무안해했다. 아이들 말투를 흉내 내어 쪽 팔린다고 말하는 모습이 귀엽기까지 하다.

나이 일흔이면 마음이 시키는 대로 해도 하늘의 뜻과 다름없다고 한다. 하지만 어디 다 그렇던가. 높일 수 있는 것은 목소리뿐인 듯 당신 생각만 제일이고 이견에는 화부터 내는 어른들을 나는 더 많이 보았다. 나이 먹을수록 귀는 막고 입만 여는 사람들을 보다보니 나이 먹는 게 겁이 날 지경이다. 나도 어떻게 변할지 장담할 수 없다.

늦은 밤 종착지에 도착했다. 통증은 더 심해져서 그분은 버스에서 내리기도 힘들어 했다. 우리가 내린 교대역 8번 출구에서 집으로 가는 지하철을 타려면 계단을 내려가고 한 번 더 내려가서 다시 올라가야 한다. 부축해서 걷기에 길은 멀었다. 그런데도 지하철을 타고 혼자 갈 수 있다고 고집을 부렸다. 고집이라면 나의 단짝인 그도 만만치 않다. 혼자 가겠다는 고집과 당장 병원부터 가야한다는 고집 대결이 벌어졌다. 결국 택시를 타고 집 앞에 내리면 가족이 나와 있기로 마무리하고 실랑이는 끝났다. 걱정하는 마음도 그 걱정이 미안한 마음도 다 아름다웠다. 다른 사람의 일도 제 일처럼 해결하려 덤비는 나의 단짝이 얼마나 사랑스럽던지. 하마터면 밤중에 자다 깨어 사랑한다는 고백 문자를 날릴 뻔했다. 지금 이 순간 이 마음을 꼭 전해야 해. 안 돼, 지금 시간이 몇 신데. 두 마음 사이를 얼마나 갈팡질팡했는지 그는 알까.

단짝으로 붙어 다니는 우리를 사람들은 꺼꾸리와 장다리라고 부른다. 나는 멀쑥한데다 무뚝뚝하고 말주변도 없다. 언제나 모임의 언저리에서 맴도는 게 편한 사람이다. 귀엽고 상냥하고 주관이 뚜렷해 야무지게 할 말은 다 하는 그. 이래 맞춰도 저래 맞춰도 어색한 우리 둘의 조합은 의외로 잘 어울린다. 어디서나 중심에 서는 그가 나를 끌어당긴다. 사람들 앞에 나서는 것이 두렵고 쳐다보는 시선이 불편하니 절대로 덕분이라 말할 수는 없다. 그래도 그가 내 곁에 없다면 붙임성 없는 나는 꿔다 논 보리자루로 돌아갈 게 틀림없다. 우리는 어떤 인연일까.

지금까지 살면서 맺은 인연을 되짚어본다. 좋은 인연 사이에 드문드문 싫은 인연도 있었다. 나처럼 물에 물 탄 듯 술에 술 탄 듯 밍밍한 사람이 입을 앙 다물고 미워하는 사람은 정말 나쁜 사람

일 것이다. 나에게 해를 끼쳐도 나서서 화끈하게 따지고 싸우지도 못하고 미워만했다. 미워하다 못해 잘못되기를 은근히 바라기도 했다. 언젠가 쓰게 될 글 속에 악당으로 등장시키겠다는 소심한 복수를 꿈꾸기도 했다. 그러나 사람을 미워하는 데는 얼마나 많은 힘이 드는지. 미운 사람 미워하느라 아까운 에너지를 써버리고 내 인상까지 미워지게 할 수는 없었다. 아무리 생각해도 미워하는 일은 도무지 이문이 남지 않는 장사다. 가만히 있으니 가마니로 보고 보자보자 하니 보자기로 보고 말없이 있으니 만만한 콩떡으로 보는 얕은 사람을 미워해서 뭐 하겠는가. 세상이 들어줄 세 가지 소원을 아무 소득 없는 일에 아깝게 써버릴 수는 없지 않은가. 좋은 사람에 관한 쓸거리도 줄줄이 대기하고 있는 판에 미운 사람 이야기까지 쓸 차례가 올까.

인생이 상자에 든 사탕을 꺼내 먹는 것이라면 신의 실수였을까. 내 인생의 사탕상자에는 맛있는 사탕이 듬뿍 들어있었다. 오랫동안 나는 단맛 나는 사탕만 먹으며 잘 살아왔다. 그러다 쓴맛을 봤을 때 이제 단맛 나는 사탕은 없겠구나하고 낙담했었다. 남아 있는 게 쓴맛뿐이라는 데 먹을 수밖에 어쩌겠는가. 이게 웬 일인가. 쓴맛만 남은 줄 알았던 내 사탕 상자에서 단맛 사탕이 잇달아 나온다. 쓴맛을 봤기에 단맛이 더 진하게 느껴지는지도 모르겠다. 단맛 사이에 간혹 섞인 쓴맛도 뱉어버리지 않고 그 맛을 느끼고 음미했다. 쓴 약이 몸에는 좋다고 쓴 인연이 인생에 약이 되기도 했다. 좋지 않은 일 뒤에는 좋은 일이 숨바꼭질 하듯이 숨어서 내가 찾아주기만을 기다리고 있었다.

"우리 승선이는 마음에 드는 친구와만 놀려고 합니다."

엄마가 챙겨둔 기념품 상자에서 보았던 초등학교 1학년 가정통신문에 이렇게 쓰여 있었다. 담임 선생님의 그 말 참 맞는 말이다. 선생님은 이걸 어떻게 알아냈을까. 참 신기방기하다. 나는 지금도 여전히 마음에 드는 사람하고만 놀지만 주변엔 좋은 사람뿐이다. 좋은 사람 곁에서 나도 따라 좋은 사람이 되어가는 건 행운이다. 언젠가 사람에게 상처받은 친구가 자기는 인덕이 없다고 하소연해왔다. 나와의 인연도 인덕이건만 그런 말을 하다니 에잇 용서할 수 없다며 거드름을 피웠다. 웃자고 한 소리였지만 내가 좋은 사람이라서 내 곁에 좋은 사람이 모인다는 거만한 마음은 좋은 운을 싹 걷어갈 것 같아 얼른 버렸다.

『착하게 낡은 것의 영혼』이라는 시집을 읽었다. 낡았든 늙었든 착한 것의 영혼이라는 말이 눈물 나도록 정겹다. 나도 착하게 살아 착하게 늙은 영혼을 갖고 싶다. 착한 것은 바보라는 뜻으로 쓰이기도 하는 요즘이지만 그래도 나는 착함이 좋다. 나를 위해 너를 쓰는 영악함보다 너를 위해 나를 쓰는 아둔함이 더 편하다. 쓰임이 적어서 탈이지만 말이다.

좋은 인연이 좋은 인연을 끌어당긴다. 쇠를 끌어 모으는 지남

철처럼 좋은 인연이 자꾸 모인다. 좋은 사람에 둘러싸여 있는 내가 참 좋다.

오늘도 그를 만나러 간다. 벌써부터 웃음이 실실 새어나온다.

2부

정서연

오승

수줍은 신부

길

꽃자리

소리길

신호

미모사

동전을 품은 벽

옷장

달맞이꽃

오승

가을바람이 불어 을씨년스럽던 그날도 밤기차를 타고 대구로 올라가던 중이었다. 잠시 눈을 감았다 뜨니 기차는 대구역을 지나고 있었다. 동대구역에서 오 분만 더 가면 대구역인데 그만 잠이 깜빡 들었던 것이다. 이제 어쩌지? 어디서 어떻게 대구로 돌아가는 기차를 타지? 꼬리에 꼬리를 물며 온갖 생각이 지나갔다. 자책해도 이미 때는 늦었다.

남편의 사업실패로 대구로 이사를 했다. 부산의 학교에서 수업을 하고 있던 나는 기차로 출퇴근을 하고 있었다. 시내에서 마지막 수업을 마치고 구포역에 도착하면 밤 10시 30분이다. 지친 몸으로 밤기차를 타고 집으로 가는 게 쉬운 일이 아니었다.

저만치 역무원이 걸어오고 있었다. 뭐라고 물어야 하나? 고민하다가 기어들어가는 목소리로 사정을 설명했다.

"아! 이 열차는 다음 역인 왜관에 서지 않아요. 그러니 김천까지 가서 대구역으로 오는 기차를 타면 됩니다. 김천에서 대구역으로 오는 열차는 새벽 3시 30분에 있습니다. 새벽에는 열차 시간 간격이 길어요."

친절한 역무원은 승차권을 달라고 하더니 빨간 펜으로 오승誤乘이라고 쓰고 도장을 찍어 주며 김천에서 대구행 기차는 그냥 타면 된다고 했다. 승차권 검사를 할 때는 오승 도장을 보여주면 되고 새벽 열차에는 자리가 많으니 편한 곳에 앉아서 가면 된단다.

오승 도장이 찍힌 승차권을 들고 낯선 김천역에 내렸다. 쓸쓸한 새벽 대합실에는 각기 다른 표정의 사람들이 드문드문 앉아 있다. 이 새벽에 저 사람들은 왜 여기에 있는 걸까. 나처럼 오승인 사람도 있을까. 모두 피곤하고 지친 얼굴이다. 그들을 쳐다보다가 문득 '사평역에서'라는 시가 생각났다.

> 낯설음도 뼈아픔도 다 설원인데
> 단풍잎 같은 몇 잎의 차창을 달고
> 밤 열차는 또 어디로 흘러가는지

쓸쓸한 간이역 대합실에서 삶에 지친 사람들을 바라보는 시인의 마음이 바로 내 마음 같았다. 고단한 나의 눈은 모든 사람들의 얼굴이 피곤에 지친 것으로 보였다. 담배 연기처럼 헝클어진 머리카락에 때에 절은 작업복 차림의 사람, 잔뜩 웅크린 채 코를 고는 체육복 차림의 청년, 싸움이라도 한 것처럼 돌아앉은 중년 부부, 무거운 가방을 들고 이곳까지 와 있는 내 모습은 또 어떤가.

그때 내 눈에 띄는 사람이 있었다. 그 사람은 흐릿한 조명 아래서 책을 읽고 있었다. 흰 머리카락이 드문드문 나 있는 초로의 여인이었다. 이런저런 생각을 하며 대합실을 서성거리던 나에게는 신선한 충격이었다. 그녀를 유심히 바라보았다.

순간 머릿속에 한 생각이 번쩍했다. 내 가방 안에 책이 있다. 오승으로 나에게 책 읽을 시간이 두어 시간 더 주어진 것이다. 나보다 나이가 더 들어 보이는 저 사람도 이 새벽에 책을 읽고 있지 않는가. 생각은 행동과 습관을 낳고 습관은 인격과 운명을 결정한다는 책에서 읽은 글이 생각났다. 바로 책을 꺼내 들었다.

힘들 때마다 내 인생의 지침서 역할을 해 주는 차동엽 신부님의 『하는 일마다 잘 되리라 무지개 원리』라는 책이다. 이 책은 나에게 절대긍정, 절대희망을 가지고 하루에 삼천 번씩 감사하며 살라고 한다. 나는 하루에 감사하다는 말을 몇 번이나 하고 있을까. 행복은 감사의 문으로 들어와서 불평의 문으로 나간다며 긍정적 사고와 감사만이 행복의 길이라고 한다. 책을 읽으며 감사합니다. 자꾸 되뇌었다.

그래 지금부터 시작이다. 부정적 생각과 불평을 하지 말자. 감사하며 살아보자. 열차 한 번 잘못 타고 왔다고 무슨 문제가 될까.

오히려 잠들었던 오 분을 고맙게 생각하자. 내가 언제 또 김천역에 이렇게 올 수 있을까.

책을 덮고 대합실 밖으로 나가 보았다. 생각을 바꾸니 찬바람이 내 머릿속을 깨끗이 헹궈주는 느낌이었다. 달빛 아래 붉은 단풍잎들이 나를 보며 환하게 웃는 것 같았다. 천천히 대합실 안에 들어오니 그곳에 있는 모든 사람들의 표정이 아까와는 다르게 보였다.

가끔씩 기차 여행을 한다. 그럴때면 몇 권의 책을 꼭 가방 안에 챙겨 넣는다. 김천에서 보냈던 그 시간은 내가 책을 더 가까이하는 계기가 되어 주었다. 내 삶의 새로운 변화가 찾아와도 이제는 두렵지 않다. 책은 나에게 낯선 풍경 속에서도 여유 있게 바라볼 수 있는 느긋함을 가져다주었다.

10년이 흘렀다. 차창 밖은 지금 늦은 가을이다. 나뭇잎들이 나비가 날갯짓하듯 가붓가붓 떨어지고 있다. 오승은 내 인생의 쉼표였다.

수줍은 신부

결혼식의 꽃은 신부가 아닐까. 신부新婦라는 말은 언제 들어도 설렌다. 조카 채호의 결혼식 날이다. 어머니와 함께 새벽 세시쯤 남편이 운전하는 차를 타고 경기도로 향했다.

이른 출발로 아무런 준비를 하지 못한 어머니를 위해 형님이 부모님 메이컵을 신청해 놓았다. 머리카락을 손질하고 주름진 피부를 화장으로 가렸다. 미용사의 손이 마술을 부리자 어머니는 봄꽃처럼 피어나기 시작했다. 어머니가 들을 수 있도록 내가 큰소리로 말했다.

"혹시, 우리 어머니 못 봤어요. 조금 전에 이곳에 할머니 한 분 계셨는데, 어디 가셨나?"

"야가, 시어머니를 놀리고 있어. 떽!"

짐짓 나를 나무라는 척하는 어머니의 목소리에 부끄러움과 기뿜이 담겨 있다. 어머니는 수줍은 신부 같았다.

'결혼할 때도 제대로 된 화장을 못해봤는데…….'

어머니의 눈가가 촉촉이 젖는다. 아버님 돌아가시고 많은 세월이 흘렀다. 어느새 어머니는 할머니가 되었다. 가정에 무심했던 아버님을 대신해 어머니는 수줍은 신부新婦에서 억척스런 여자로 변했다. 나약하고 순진하고 겁 많던 여인에서 강한 철의 여자가 되었다.

어머니는 아버님과 결혼하여 고향인 전라도 나주에서 신혼살림을 시작했다. 몇 년 후 아버님은 연고도 없는 부산에 어머니와 자식들을 데려다 놓고 훌쩍 어디론가 떠나셨다. 먹을 양식도 없는 곳에 어머니와 자식을 두고 가신 아버님… 어머니는 막내아들을 낳고 광안리 바닷가에 나가 미역을 건져 자신이 먹을 산후 미역국을 직접 끓였다. 미역국을 끓이다가 친정엄마가 너무 보고 싶어서 엄마를 부르며 숨죽여 우셨다고 한다. 아이를 낳고 배고파서 울고 있는 자식들을 위해 차가운 바닷가에 일을 하러 나가셨다던 어머니 이야기를 들으며 그런 어머니가 불쌍해서 나도 따라 울었다.

어머니의 음식 솜씨는 남다르다. 특별한 재료가 아니어도 맛은 일품이다. 내가 엄지손가락을 세우며 어머니 음식이 최고라고 하면 '나는 우리 엄마 발끝에도 못 따라 가. 엄마가 만들어 주는 음식 한 번만 먹었으면 쓰겠네' 하신다. 이럴 때는 시어머니가 아니라 엄마가 그리운 보통의 딸이다.

어머니의 모습을 보면 서정주의 산문시詩「신부」가 떠오른다.

첫날밤에 신랑이 오줌이 급해 냉큼 일어서는 바람에 옷자락이 돌쩌귀에 걸린다. 신랑은 신부가 음탕해서 잡아당기는 것으로 오해하고 달아나 버렸다. 신랑의 조급한 성격과 지각없는 판단이 신부의 삶을 비극으로 만들었다.

오랜 시간이 지난 뒤에 우연히 그 집 앞을 지나던 신랑이 신부가 있던 방문을 열어보았다. 신부는 초록저고리, 다홍치마를 입고 첫날밤 모습으로 변함없이 앉아 있었다. 신랑의 손길이 닿자마자 신부는 매운재로 폭삭 내려앉았다. 매운재는 신랑에 대한 한恨의 응어리였을까. 초록재와 다홍재로 남은 신부를 보면서 신랑은 무슨 생각을 했을까.

어머니는 매일 아버님을 밉다고 한다. 미움은 사랑의 또 다른 언어가 아닌가. 미운 사람이라고 하는 그 말속엔 아버지에 대한 그리움이 강물처럼 흐르고 있을지 모른다.

언젠가 다니러 온 시고모님과 식사를 하던 어머님이 말씀하셨다.

"내가 결혼할 때 온 동네 사람들이 신랑이 못났다 하더라."

"세상에 우리 오빠가 어찌 못났디야. 언니야 말로 얼굴만 커다

랗고 넙데데하니 볼게 없었제. 우리 오빠 욕하는 언니는 언니도 아니랑께!"

시고모님은 우리 오빠는 세상에서 제일 멋있는 사람이라고 항변했다. 팔은 안으로 굽는다는 말이 맞나보다. 조금 전까지 언니는 둘도 없는 사람이라고 하더니 아버님 못났다는 한마디에 시고모님에게 어머니는 볼품없는 사람이 되고 말았다.

아버님 돌아가시고 수년이 흘렀다. 오랜만에 막내 시누이를 만난 어머니는 계속 아버님이 못났다고 우긴다. 아버님이 못났다고 하는 이유는 그립다는 어머니만의 표현인 것 같다.

형님이 엄마가 예쁘게 화장을 했으니 이때 영정 사진을 찍자고 했다. 손자 결혼식 날 영정 사진을 찍게 된 어머니의 얼굴에 많은 생각이 담겨 있는 듯 했다.

영정 사진 속에 어머님이 수줍게 웃는다. 긴 세월 저쪽에서 초록저고리와 다홍치마를 곱게 차려 입은 어머니가 신부가 되어 살포시 걸어 나오고 있다.

길

남편이 입원을 했다. 의사가 폐렴 초기라며 치료는 간단하게 끝날 것 같다고 말했다. 남편과 나는 가벼운 마음으로 입원 수속을 마쳤다. 남편은 이번 기회에 일주일만 푹 쉬어야겠다고 했다. 나도 웃으며 당신은 휴식이 꼭 필요하다고 거들었다.

링거를 달고 남편이 누워있다. 투명한 링거병에서 수액이 똑똑 떨어져 손목을 통해 그의 몸속으로 흘러간다. 입원한지 이틀 밖에 되지 않았는데 십년은 더 늙어보인다. 가파른 그의 숨결에 나는 불안했다. 건강이라면 자신있어 하던 사람이 이제는 숨쉬기조차 힘든 모양이다. 가슴 한켠이 시큰하다.

의사가 회진을 왔다. 남편을 살펴 본 후 의사가 말했다. 수액이 폐로 스며들어 폐에 물이 차서 위험하니 보호자는 되도록 자리를 비우지 말란다. 왜 수액이 폐로 흘러 들어갔다는 말인가. 나는 의

사에게 따지듯 물었다. 의사는 환자가 몸이 약해져서 몸속으로 들어간 수액을 소변으로 배출하지 못해서 그렇다고 했다. 남편의 얼굴 혈색이 점점 검은색으로 변해갔다. 음식은 먹지도 못하고 숨을 쉬는 것도 호흡기에 의존하고 있다.

며칠 만에 삶이 고통으로 변했다. 죽음에 대한 두려움이 수시로 떠올랐다. 곧 괜찮아지겠지 하는 막연한 희망은 나를 더 불안에 떨게 만들었다. 고통과 두려움의 시간은 천천히 지나갔다.

남편이 건강을 되찾게 되면서 삶의 방식도 바뀌어 갔다. 그동안 중요하다고 생각했던 것들 중에서 중요하지 않게 된 것이 생겨났고 소홀히 했던 것이 중요하게 자리를 잡은 것도 있다.

남편은 여행이 사치라고 말하는 사람이었다. 그런 남편이 퇴원을 한 후 여행을 가자고 했다. 채움만을 위해 앞만 보고 달려왔던 남편과 여행을 준비했다. 첫 번째 여행지로 담양 죽녹원을 선택했다.

죽녹원은 온통 대나무 세상이었다. 대나무쉼터에는 대나무의자가 놓여있다. 어느 것 하나 대나무가 아닌 것이 없다. 연일 계속되는 폭염 속에서도 대나무는 반듯하고 곧게 서 있다. 자신의 자리를 묵묵히 지키고 있는 대나무 길을 천천히, 여유롭게 걸어가 본다. 대나무 계단을 하나씩 오르며 생각한다. 우리는 무엇을 위해 날마다 욕심내며 살아왔을까. 지금이라도 삶을 돌아볼 수 있어서 참 다행이다. 그동안 가족을 위해 수고한 남편을 바라본다. 얼굴에 땀방울이 송글송글 맺혀있다. 대나무 사이로 불어온 바람이 남편의 얼굴을 쓰다듬으며 지나간다. 여유를 찾은 얼굴이 편안해 보였다.

죽녹원에는 주제가 다양한 여러 갈래의 테마 길이 있었다. 남편과 나는 두 갈래 길 앞에서 멈추었다. 운수대통 길과 사랑이 변치 않는 길이 서로 반대로 나뉘어져 있다. 두 길의 끝은 다시 이어져 있고 어떤 길을 택하든 다시 만날 수 있는 길이다. 선택의 순간 머뭇거리는 것도 잠시였다. 누가 먼저라고 할 것 없이 남편과 나는 운수대통길을 선택해 나란히 걷기 시작했다. 우리는 마음이 동시에 통했다. 순간 마음속에 밀려드는 쓸쓸함은 왜일까.

오십 대 중년 부부는 사랑이라는 이름보다 운수대통처럼 편안하고 안락한 길을 택했다. 옆에 서 있던 이십 대 연인들은 사랑이 변치 않는 길을 택해서 걸어가고 있다. 나도 이십 대였다면 저 길로 향했을지도 모르겠다. 쭉쭉 뻗은 대나무처럼 거침없이 걸어가는 그들의 젊음이 부럽다.

사색의 길에 들어섰다. 스물한 살의 나는 스물네 살의 남편과 처음 만났다. 그와 함께하는 모든 것이 좋았다. 스물일곱 살이 되던 해에 결혼을 했다. 작은방 한 칸을 얻어 시작한 신혼생활은 부족했지만 행복했다.

어느덧 중년 부부가 되어 같은 곳을 바라보며 걷고 있다. 더불어 살아온 세월이 모두 사랑이라고 어찌 말할 수 있을까. 사랑이

든 미움이든 남편과 나는 여기까지 함께 왔다.

사그락사그락 댓잎 밟히는 소리가 들려온다. 온몸에 대나무 향이 스며들어 상쾌하다. 왕죽, 솜대, 맹종죽, 대나무 이름도 사람의 이름처럼 다양하다. 왕대인 왕죽은 죽순의 맛이 써서 고죽苦竹이라 부르고 담죽은 분을 발라놓은 것 같다고 분죽粉竹이란다. 존재가치를 부여하는 특징 있는 이름이다. 대나무의 마음을 헤아려 진죽아, 고죽아, 분죽아! 하고 이름을 불러주자 마치 대답이라도 하듯 대나무 가지가 살랑거렸다. 속이 빈 대나무가 바람의 노래를 부른다. 연두색 죽순처럼 부드럽게 느껴진다. 기분 좋은 화답송은 우리를 가벼움으로 이끌어 주었다.

우리 앞에 다시 두 갈래 길이 나타났다. 잠시 망설였지만 선택은 어렵지 않았다. 길은 이어져 있으니 우리는 걷기만 하면 된다. 성인산 오름길은 우리나라에서 가장 짧은 둘레길이다. 50m인 이 길을 세 바퀴 돌면 소원이 이루어진다고 적혀 있다. 사람들의 발길이 닿아 둘레길이 반질반질하다. 어떤 소원을 빌어볼까. 솔로몬 왕이 하느님에게 지혜를 청했던 것처럼 나도 지혜를 청해볼까. 남편과 나는 느긋하게 주변을 살피며 성인봉 둘레길을 걷는다. 가슴에 소원하나 담고 걷는 발걸음이 솜털처럼 가볍다. 남편은 어떤 소원을 빌었을까.

철학자의 길에서 지그문트 프로이트를 만났다. 나를 조정하는 무의식이 내 마음 깊숙한 곳에 숨어 있다고 프로이트는 말한다.

내 무의식 속에는 어떤 모습의 사람이 살고 있을까. 정도언의 프로이트의 의자 첫 장에는 정상적인 인간이란, 사실 평균적인 의미에서 정상일 뿐이다. 그의 자아는 여기저기에서 크게 또는 작게 정신병자의 자아와 비슷하다고 쓰여 있다.

우리 삶의 과정은 끊임없이 상처를 만들고 치료하며, 다시 상처를 입는 길인 것 같다. 알게 모르게 나는 남편에게 얼마나 많은 상처를 주었을까. 프로이트의 의자가 들려주는 마음의 소리에 귀 기울여 본다. 마음이 마음을 가만히 토닥인다. 대나무 숲을 빠져나와 보니 어느새 우리는 두 손을 꼭 잡고 있었다. 서로를 인정하는 삶 속에서 같은 길을 걷고 있는 남편과 나는 오늘도 같은 곳을 바라본다.

푸른 댓잎 사이로 햇살이 쏟아진다.

꽃자리

봄이 꿈틀거리며 일어선다. 아기 속살같이 부드러운 연두색 잎들이 돋아나고 살짝 건드리면 엄마 분 냄새가 날 것 같은 벚꽃도 분분하다. 조카의 결혼식에 참석했다가 부산으로 내려오는 길이다.

부산으로 이사 오기 전까지 대구에서 부산으로 열차를 타고 다녔다. 그 사이 열차도 많이 변했다. 비둘기호, 통일호가 있던 시절에 무궁화호는 새마을호 다음으로 고급열차였다. 하지만 지금 비둘기호는 박물관에서나 볼 수 있게 되었다. 2003년 KTX가 개통되면서 전국에 남아 있던 통일호도 역사의 뒤안길로 사라졌다. 지금 남아 있는 무궁화호는 고급과는 거리가 멀지만, 서민들에게 꼭 필요하다.

나는 주로 무궁화호를 타고 다녔다.

무궁화는 바삐 사느라 놓쳤던 소중한 기억들을 이삭처럼 다시 줍게 해주었다. 무궁화호가 머물던 간이역들은 많은 이들에게 삶의 쉼표가 되어 주었고 나에게도 여유를 찾으며 사색할 수 있는 공간이었다.

열차 카페는 무궁화호에서만 느낄 수 있는 낭만이다. 부산으로 이사 오기 전까지 나는 카페의 단골손님이었다. 커피를 마시며 책을 읽기도 하고, 스쳐가는 바깥 풍경을 바라보기도 했다. 카페는 창문이 가로로 길게 이어져 있어 밖을 여유롭게 감상할 수 있는 최고의 장소였다.

그날 열차 카페는 빈자리가 없었다. 내가 자주 앉았던 자리에는 이미 다른 사람들이 그들만의 시간을 보내고 있었다. 나처럼 열차 카페의 낭만을 알고 있는 사람들이 많은 것 같았다. 빈자리가 없는 것을 아쉬워하며 내 자리로 돌아왔다. 옆자리에 앉아있던 할머니가 나에게 물었다.

"새댁이는 뭐가 그래 즐겁노?"

바깥 풍경을 바라보며 헤실헤실 웃고 있는 나를 할머니께서 신기한 얼굴로 바라보았다. 새댁이라고 나를 불러주는 할머니가 친근하게 느껴졌다. 누가 나를 이렇게 불러 줄 것인가.

"젊은 게 참 좋다. 부럽다 부러워! 나도 좋은 시절이 있었지. 그때는 그 시절이 좋은 줄 몰랐는데 그때가 꽃자리인 줄 이제 알겠다."

할머니는 긴 한숨을 쉬면서 자신의 젊은 시절과 홀로 자식을 키우며 고생했던 많은 이야기를 들려주었다. 그때 우리 이야기를 듣고 있던 건너편 노신사 한 분이 끼어들었다.

"할머니, 기쁘면 기쁘다고 하고, 슬프면 슬프다고 하고, 아름다운 걸 만나면 아름답다고 하는 그런게 꽃자리 아니겠습니까."

서로 말을 걸고 옆 사람에게 관심을 가져주고 따뜻한 마음을 나누는 모습이 참으로 정겹다.

요즘은 스마트폰 시대다. 얼굴을 마주 보며 대화하기보다는 카톡이나 문자로 대신하고, 옆 사람에게는 관심을 두지 않는다. 기계를 통해 대화를 하다 보니 편리하기는 하지만 사람과의 관계는 그만큼 멀어지고 있다.

혼밥이라는 단어도 새로 생겼다. 혼밥은 혼자 밥을 먹는 사람이다. 비슷한 말로 혼술, 혼맥도 생겨났다. 사람들은 점점 외롭게 혼자 살아간다.

이야기를 나누던 할머니가 내렸다. 할머니와 헤어지고 많은 생각을 했다. 할머니는 이제야 자신의 삶을 돌아보고 있다. 할머니의 뒷모습을 보며 할머니의 삶이 세상 모든 여자들의 모습이고 나의 미래 모습 같이 느껴졌다.

열차는 계속 달린다. 주어진 길을 가는 건 열차나 사람이나 비슷하다. 삐걱거리는 기계음의 마찰 소리는 세상의 소리가 되어 삶의 모든 순간처럼 느껴진다. 마을을 지나고 터널을 지나 정해진 길을 열차가 열심히 달린다. 나도 기차와 함께 굽은 길도 가고, 곧은길도 가며, 흔들리는 나를 다잡으며 함께 가고 있다. 묵묵히

열차가 낙동강을 지나고 있다. 먼 산에 걸린 노을이 숨 막힐 듯 아름답다. 노을빛이 강물 속에 자지러든다. 소소한 풍경을 보며 혼자 중얼거린다.

'그래, 지금이 나의 꽃자리다.'

소리길

물소리가 정겹다. 마음이 어지러운 날 홍류동 계곡을 찾았다. 계곡안의 온갖 소리가 나에게 말을 거는 해인사 홍류동 계곡이 2011년 소리길이라는 새로운 이름으로 다시 태어났다. 소리길은 지친 마음을 어루만져주고 맑은 울림으로 이곳을 찾는 모든 사람들의 마음을 정화시켜준다.

'소리는 우주 만물이 소통하고 자연이 교감하는 생명의 소리로 완성된 세계로 향하는 깨달음으로 가는 길'이라고 입구 표지석에 적혀 있다. 온갖 자연의 소리를 들으며 이 길을 걷는다면 정말 완성의 세계에 도달할 수 있을까. 완성된 세계는 어떤 곳일까. 완성된 세계가 있기는 한 걸까.

소리길은 계절마다 다른 느낌으로 자연의 소리를 듣고 볼 수가 있다. 봄의 소리길은 겨울을 이겨낸 보드라운 연두 빛깔이다. 여린 새순을 보면 눈이 상큼해지고 마음은 봄 햇살처럼 따뜻하다. 길 옆 곳곳에 꽃봉오리를 맺은 진달래가 보인다. 새들의 지저귐은 어지러운 마음을 차분하게 달래 준다. 나는 봄 처녀가 되어 나풀나풀 걸어본다. 새순이 돋아나듯 온몸이 간지럽다.

중학교 1학년 때 봄 소풍을 이곳으로 왔었다. 그때의 설렘과 기쁨이 생각난다. 장기자랑 시간이었다. 선화라는 친구가 코미디언 이주일씨 흉내를 어찌나 잘 내던지 우리 모두 배꼽을 잡고 깔깔 웃었다. 담임선생님은 가수 정태춘처럼 노래를 멋드러지게 한곡 불러 주었다.

'우산을 접고 비 맞아 봐요 하늘은 더욱 가까운 곳으로
다가와서 그늘진 마음에 비 뿌리는 젖은 대기의 애틋한 우수……'

기타를 치며 선생님이 우수에 젖어 부른 노래 「시인의 마을」은 열네 살이던 우리의 심금을 울렸다. 그때의 추억과 기억들이 나를 문학소녀로 키워주었지 싶다.

우리는 그날 보물찾기도 했었다. 나는 풀잎 사이에서 보물 쪽지를 찾아냈다. 소풍을 가서 보물을 찾아 본 것은 그때가 처음이었다. 보물찾기로 받은 공책을 가슴에 안고 환하게 웃던 내 모습이 떠오른다. 봄 햇살 가득한 소리길에는 추억의 꽃잎이 곳곳에

매달려 손짓하는 것 같다.

봄비가 내린다. 눈에 보이는 모든 것들이 다 젖고 있다. 맑은 날과는 다른 고요가 내려앉는다. 비에 젖은 활엽수들이 내뿜는 냄새로 숲이 향기롭다. 알싸하고 달달한 냄새는 비 오는 날이 아니면 느낄 수 없다. 서어나무가 촉촉하게 젖고 있다. 비를 맞은 서어나무의 몸피는 보디빌더의 꿈틀거리는 근육처럼 돋보인다.

안개가 자욱하다. 은은하게 내려앉은 안개 속을 걷는다. 가까이 다가서면 사라지는 안개, 미묘한 그 흐림의 느낌을 소설가 김승옥은 무진기행에서 이렇게 표현했다. '안개는 이승에 한을 품고 매일 밤 찾아오는 여귀가 뿜어 내 놓은 입김 같다고' 작가의 표현이 서늘한 공포를 느끼게 한다. 하지만 소리 길의 안개는 다르다. 자연을 품에 안고 비를 불러 주는 안개는 흐릿해서 더 가까이 가고 싶게 만든다. 나에게 안개는 기다림이고 신비로움이다.

소리길에는 여러 갈래의 길이 있다. 그 중 세 번째 길, 비움의 길 앞에 섰다. 바닥에 박힌 검은 돌들이 눈에 띈다. 검은 돌에 새겨 진 글자들이 아무렇게나 흩어져있다. 퍼즐처럼 한 글자씩 맞춰 보니 '당신이 떨치지 못하는 한 고통은 남아 있다.'라고 쓰여 있다.

발에 밟히는 검은 돌들이 너는 잘 살고 있느냐고 묻는 것 같다. 고통도 내려놓고 욕심도 내려놓고 비움의 가벼움 속으로 조용히 들어가 본다. '그래, 그렇게 비우고 사는 거야.' 이번에는 검은 돌들이 나에게 가만히 위로의 말을 건네주는 것만 같다.

명상의 길에 들어섰다. 하심下心이라는 글자가 적혀 있는 나무를 만났다. 하심은 자신을 낮추고 남을 높이는 마음이다. 옛날 우리 조상들은 하마비下馬碑를 세우고 존경의 대상 앞에서는 말에서 내려 예를 갖추었다. 하심나무 아래서는 허리를 숙이고 지나가야 나뭇가지에 걸리지 않고 갈 수 있다. 고개를 숙이며 언제나 자신을 낮추며 겸손한 마음으로 세상을 살아가라는 가르침을 배운다.

나 자신을 돌아본다. 나는 여태 무슨 일로 앞만 보고 정신없이 살았을까. 지나고 나면 언제나 그러지 말 걸하고 후회하게 되는 게 인생인가 보다.

물소리, 새소리, 바람소리를 따라 내 마음도 홍류동 소리길로 숨어든다.

신호

성당에서 묵주기도를 하는 시간이었다. 아침부터 소화가 안 되는 것 같더니 속이 메쓱거렸다. 조금만 참자. 기도의 마지막 단계라고 생각하는 순간 사람들의 말소리가 점점 멀어지며 정신이 희미해졌다.

"아이구 와이라노 정신차려라!"

옆에 서 있던 로사리아 언니가 내 몸을 붙잡는다. 정신을 차리려고 했지만 언니의 목소리는 점점 멀어진다.

누군가 내 팔과 다리를 주무르며 괜찮으냐고 자꾸 묻는다. 겨우 정신을 차리고 눈을 조금 뜨니 사람들이 모두 나를 내려다보고 있다. 누군가 119가 곧 도착한다며 등을 토닥여 주었다. 내가 괜찮다며 일어나려고 하니 자꾸 누워있으란다. 할 수 없이 차가운 바닥에 누워 사람들에게 몸을 맡겼다.

초등학교 때였다. 전 학년이 월요일이면 운동장에서 조회朝會를 했다. 교장선생님의 말씀이 길게 이어지는 훈화 시간은 정말 지루했다. 뜨거운 여름 조회시간이면 한 두 명씩 꼭 쓰러졌다. 선생님의 등에 업혀 양호실로 가는 그 모습이 정말 부러웠다. 그때 내 소원중 한 가지가 조회 시간에 기절해보는 것이었다. 나는 그들처럼 쓰러지길 간절히 바랐다. 그렇게라도 조회 시간에서 벗어나고 싶었다. 내 소원은 끝내 단 한 번도 이루어지지 않았다.

'어릴 때 소원이 이제야 이루어지다니.'

119가 왔다. 어쩔 수 없이 구급차에 올랐다. 구급대원이 동의의료원과 부산의료원 중 어느 병원 응급실로 갈거냐고 물었다. 나는 부산의료원으로 가자고 했다. 구급차 안에 누워 있으니 문득 아버님 생각이 났다.

오래 전 119구급차를 타고 순천에서 부산의료원까지 아버님을 모시고 온 적이 있다. 아버님의 배는 임산부처럼 부풀어 올랐다. 숨을 쉴 때마다 고통스러워하셨다. 복수가 가득 차서 숨쉬기가 힘든거라고 구급대원이 알려 주었다. 위급한 상황과 맞지 않게 구급차 침대에 누운 아버님이 자꾸 웃었다. 마치 웃으면 고통이 사라질 것처럼… 아버님은 자신이 구급차를 타고 있는 것을 신기해 하셨다.

몸이 이렇게 될 때까지 왜 연락하지 않았느냐고 남편이 화를 냈다. 아버님은 "나는 괜찮다. 일을 좀 무리하게 해서 그렇다. 치료

하면 곧 나을 거니 걱정하지 마라. 너희도 바쁜데 내가 힘들게 해서 미안하다."라며 또 웃으신다.

부산의료원에 도착 한 후 아버님은 복수를 빼내는 응급치료를 받았다. 어찌나 물이 많이 나오는지 주사기로 빼는 데도 한계가 있었다. 아버님의 나빠진 간은 다시 나아지지 않았고 다른 장기에까지 영향을 미쳤다. 아버님은 3개월정도 투병생활을 하시다가 돌아가셨다.

내가 탄 구급차가 병원에 도착했다. 응급실에 도착하자 간호사가 피를 뽑고 기본 검사를 했다. 그리고 더 자세한 검사를 하겠느냐고 물었다. 가라앉았던 속이 다시 울렁거렸다. 나는 빨리 집에 가고 싶은 마음 뿐이었다. 병원에 있으면 더 아플 것 같은 두려움이 밀려왔다. 나는 간호사에게 얼마 전에 건강검진을 받았는데 이상이 없었다고 말했다. 조금 더 안정을 취한 후 구급차를 타고 들어온 응급실문을 걸어서 나서며 긴 안도의 한숨을 내쉬었다.

당장 수업자료를 출력해야 하는데 복합기에 계속 점검 중이라는 붉은 글이 뜬다. 급한 마음에 복합기 뚜껑을 열고 잉크통을 뽑았다가 새로 넣어 본다. A4용지를 꺼냈다가 다시 넣고 용지함을 열었다가 닫았다. 이렇게 저렇게 만져 보지만 괜찮아지지 않는다. 할 수 없이 서비스센터로 가지고 갔다.

직원이 이것저것 점검해 보더니 고개를 갸웃거리며 수리비가 새복합기 가격만큼 나온다고 새로 사는게 좋겠단다. 어제까지 잘 되던 복합기가 왜 고장이 났느냐고 물었다. 직원은 기계도 사람과 똑같다며 무리하게 쓰면 고장이 난다고 했다.

복합기를 새로 샀다. 새 복합기는 성능이 아주 뛰어나다. 복사도 잘 되고 인쇄도 깨끗하다. 사람의 몸과 마음도 새 복합기처럼 바꿀 수 있으면 얼마나 좋을까.

텔레비전에서 내 몸 사용 설명서라는 프로그램을 하고 있다. 건강은 언제나 건강할 때 지켜야 한단다. 내 몸에서 보내는 작은 이상 신호도 놓치지 말라고 당부한다.

지금 내 몸이 보내는 소리는 어떤 신호인지 가만히 귀 기울여 본다.

미모사

바람이 분다. 아파트 앞 의자에 앉아 깊은숨을 들이마시다가 화단에 눈이 갔다. 연붉은색 꽃이 눈에 들어왔다. 저 꽃은 무슨 꽃일까? 어제는 보지 못했는데 누가 화단으로 옮겨 심은 것일까. 꽃대 끝에 하얀 점이 찍혀 있고 아카시아 잎사귀를 닮았다.

휴대폰으로 사진을 찍으려다 잎사귀에 손이 살짝 닿았다. 순간 꽃잎이 오므라들었다. 신기했다. 얼른 인터넷을 열어 꽃 이름을 찾아보았다. 미모사였다.

미모사가 외부의 자극에 오므라드는 것은 잎자루에 연결된 밑동에 수분으로 가득 찬 세포가 있기 때문이다. 미모사를 자극하면 그 속의 수분이 아래 빈 공간으로 내려가 채워지고 수분을 잃은 잎이나 줄기들이 오그라든다. 잠시 숨죽여 있던 미모사가 살며시 말았던 꽃잎을 다시 폈다.

작은 자극에도 잎이 또르르 말리며 고개를 떨궈 버리는 미모사가 마치 요즘의 내 모습 같다. 왜 이렇게 사람살이가 부담스러울까. 남들에게 맞춰가며 좋은 사람으로 사는 것이 얼마나 피곤한 일인지 살아갈수록 더 깊이 깨닫는다. 학생들이 좋은 성적을 받기 위해 애쓰는 것처럼, 나 역시 늘 남이 나에게 매길 점수를 의식하며 살아간다. 오늘도 나는 그렇게 살았다. 자신을 감추며 겉으로는 아무렇지 않은 척 웃고 있지만 잔뜩 긴장하여 작은 자극에도 몸을 움츠렸다.

미모사의 움츠림은 뭘까. 누군가가 자극하면 멈칫하는 것이 어쩌면 당연하지 않을까. 그래 미모사의 움츠림, 그건 잠시 동안의 멈춤이었어. 세상살이가 피곤한 요즘 미모사 역시 잠시라도 쉬고 싶었을 것이다. 멈추고 난 후의 미모사를 생각해보라. 그 움직임이 얼마나 매력적이었는가. 미모사가 아주 미묘하고 섬세하게 움직이다가 한순간 활짝 펴며 자신을 드러내 보이지 않았는가. 갑자기 미모사의 당당한 모습이 생각나 내 입꼬리가 올라갔다.

미모사 꽃에 대한 전설이 있다. 자신의 외모가 제일인 양 뽐내던 공주가 목동으로 변장한 태양신 아폴로의 아름다움에 반하게 되었다. 그의 외모를 본 공주는 자신의 외모가 부끄러워 미모사 꽃이 되었다고 한다.

자신의 외모가 부끄러워 순간 미모사 공주는 몸을 움츠렸다. 하지만 잠시 멈춘 동안 자신감을 되찾은 미모사 공주는 말았던 꽃잎을 살며시 다시 폈을 것이다.

사람을 건강하게 만들어 주는 알맞은 긴장감, 미모사 역시 마찬가지가 아닐까. 사람이든 식물이든 적당한 긴장은 오히려 윤활유 역할을 하며 생활을 활기차게 만들어 준다.

어쩌면 일상은 늘 새로운 발견에서 시작되는지도 모른다. 다만 느끼지 못할 뿐이다. 오늘도 우연히 본 미모사였다. 다른 날 같으면 그냥 지나쳤을 화단의 광경, 시원하게 부는 바람을 맞았다. 순간 나는 잠시 멈춘 미모사가 되었다.

오므렸던 꽃잎을 살며시 펼치듯 얼굴 가득 미소가 번진다.

동전을 품은 벽

동전을 품은 벽이 있다. 그 벽에는 빛이 바랜 종이벽지가 붙어 있고 백 원짜리 동전이 무늬처럼 그려져 있다. 세월의 더께를 이기지 못하고 종이벽지는 천천히 본래의 모습을 지워가고 있다. 가만히 벽지 속 백 원짜리 동전을 들여다보다가 눈물이 났다. 연필로 그렸던 그림들은 사라져버렸지만 분이 언니 볼펜으로 그려두었던 동전은 흐리게 남아 있다. 백 원짜리 동전을 몇 개나 그렸었는지 기억이 나지 않는다.

우리 집에는 딸만 넷이었다. 분이 언니는 우리 집의 셋째 딸이고 나는 넷째로 막내였다. 무엇이든지 똑 떨어지게 잘하는 분이 언니는 부모님의 칭찬을 독차지했다. 그와 반대로 막내여서인지 나는 무슨 일을 해도 늘 어리버리 했다.

엄마가 장에서 과자나 알사탕을 사와 벽장에 숨겨두고 언니와 나에게 조금씩 나누어 주었다. 언니는 과자를 받으면 그 자리에서 다 먹었지만 나는 나중에 먹으려고 조금만 먹고 남겨두곤 했다. 과자도 그랬지만 돈이 생겨도 쓰지 않고 모아 두었다. 그렇게 아끼고 모아두었던 과자나 돈을 번번이 분이언니에게 빼앗기는 나를 엄마는 늘 안타까워했다.

"막내야 언니 먹을 때 같이 먹고 써야지. 아끼면 똥 된다"

하지만 그렇게 아꼈다가도 분이언니의 달콤한 말 몇 마디면 나는 홀딱 넘어간다. 그날도 나는 아끼다가 똥을 만들고 말았다. 그동안 아버지가 주신 용돈을 쓰지 않고 모아두었다. 과자가 먹고 싶어도 참고, 친구들이 아이스크림을 사 먹어도 입맛만 다시면서 모아둔 돈을 언니가 보고 말았다.

"동생아 그 돈 백 원만 언니 좀 빌려주라. 그러면 내가 나중에 오백 원 줄게, 우리 그 돈으로 라면 사 먹자."

이 돈이 어떤 돈인데 싫어서 안 줄 거라고 마음을 굳게 먹었다. 언니는 온갖 감언이설로 나를 오래도록 꼬셨다. 두 번 다시 속지 않을 거라고 다짐했지만 언니의 말솜씨와 라면이라는 말에 혹하고 말았다. 가진 돈을 언니에게 내어주고는 또 꽃무늬 벽지 위에 백 원짜리 동전그림을 그려 표시를 했다.

"또 속았네. 쯧쯧!"

벽지 속에 들어앉은 백 원짜리 동전들이 나를 보고 웃었다. 누가 뭐래도 상관없었다. 벽지에 동그라미가 늘어날수록 한꺼번에

받을 동전을 받을 생각에 가슴이 부풀어 올랐다.

우리 마을에도 새마을운동이 시작되었다. 잘 살기 운동의 일환으로 마을가운데 협동조합이 생겼다. 먹을 것이 귀했던 산골마을에서 처음으로 라면을 보았다. 분이 언니가 나에게 빌려간 돈으로 협동조합에서 라면을 사왔다. 국수 가락만 보았던 나에게 꼬불꼬불한 면은 놀랍고 신기했다. 스프라는 가루만 넣으면 입에 착 달라붙는 맛이 나던 라면이라니. 라면은 세상에서 제일 맛있는 분이 언니가 만들어준 특식이었다.

학교를 졸업하고 부모님 곁을 떠나게 되었다. 나는 분이 언니와 같이 살게 되었다. 첫째, 둘째 언니와 오빠도 있었지만 이상하게도 나는 분이 언니와 늘 함께였다. 결혼할 때까지 분이 언니에게 의지해 지냈다. 당연한 것처럼 분이 언니는 밥도 해주고 빨래도 해주며 엄마처럼 나를 챙겨주었다.

분이 언니는 밝고 낙천적인 성격이었다. 모든 일에 적극적이고 운동도 잘했다. 남자친구들과 잘 어울렸고 인기도 많았다. 소극적이고 내성적인 나는 주변을 환하게 만드는 재주를 지닌 언니가 좋았다. 그렇게 지나던 어느 날이었다. 언니가 농담처럼 내게 말했다.

"동생아! 며칠 전에 언니가 친구하고 절에 갔잖아. 그때 스님이 내가 마흔 살 못 넘기고 죽는다고 하더라. 너는 믿어지나?"

나는 깜짝 놀랐지만 언니가 장난치는 줄 알고 그냥 편하게 말했다.

"언니야, 그게 무슨 소리고. 재수 없다. 그런 거 엉터리다. 믿지 마라."

그렇게 말하고 까맣게 잊어버렸다.

마흔을 넘기지 못 할 거라는 스님의 말은 불행을 예감하는 씨앗이 되었던 것일까. 언제부터인가 분이 언니의 몸에 크고 작은 상처가 생기기 시작했다. 어느 날 언니가 다리에 생긴 상처에 연고를 바르며 말했다.

"악마의 꽃들이 내 몸에 피어나는 것 같다. 이러다 살이 썩어서 죽을 건가"

"언니야, 피부병으로 안 죽는다. 쓸데없는 소리 하지 말고 병원에 가 봐라."

내가 보기에는 큰 병이라고 느껴지지 않는 상처였다. 약만 바르면 금방 나을 것 같은 상처로 죽는다고 말하는 분이 언니에게 화가 났다. 그렇게 언니의 몸속에서 죽음의 꽃들이 자라고 있을 줄은 상상조차 못했다. 죽음의 기운이 언니의 몸 속 깊은 곳에 침잠하며 평온을 가장하고 있었을 줄이야.

언니는 점점 빛을 잃어가고 있었는데 두 아이를 키우느라 내가 사는 일에만 집중했다. 미처 언니의 마음은 헤아리지 못했다. 변변한 위로도 한 번 못했다. 내가 조금만 관심을 가졌더라면 어떻게 되었을까.

그러던 어느 날이었다. 언니가 수덕사에 한 번 가보고 싶다며 전화를 했다. 수덕사는 내가 자주 가는 조그만 암자였다. 그날따라 절에 가는 길에는 노란 달맞이꽃이 흐드러지게 피어 있었다. 언제부터인가 분이 언니는 피부에 난 상처 때문에 낮에 밖에 다니는 것을 피했다. 대신 밤이 되면 바깥나들이를 했었다. 달빛아래 노랗게 피어있는 달맞이꽃을 보며 분이 언니는 꼭 자기를 닮은 꽃이라고 했다.

분이 언니가 부처님 앞에 한나절을 앉아 있었다. 집으로 돌아오는 언니의 얼굴이 편안해 보였다. 심한 우울증과 피부병으로 고생하던 언니가 오랜만에 환하게 웃어보였다. 이제 괜찮아질 것 같은 예감이 들었다.

"그렇게 가자고 해도 들은 척도 안하던 언니하고 오니까 정말 좋다. 언니야, 이제 괜찮아졌지. 이제 나하고 절에 자주 오자."

분이 언니가 환하게 미소를 지어보였다. 예전의 언니를 보는 것 같아 기분이 좋았다. 분이언니가 이제 금방 나을 거라며 언니 손을 잡고 천천히 걸어서 집으로 왔다.

며칠 후 절에 있는데 분이 언니가 위독하다는 연락을 받았다. 마을을 가로질러 병원을 향해 정신없이 뛰다가 잠시 숨을 고를 때였다. 환한 달빛 아래 달맞이꽃이 흐드러지게 피어있었다. 분이 언니가 보았으면 얼마나 좋아했을지 생각하며 뛰었다. 내가 도착했을 때 언니는 이미 하늘나라로 떠난 후였다. 외롭게 지는 달맞이 꽃잎처럼 언니는 그렇게 훌훌 털고 가버렸다.

분이 언니를 떠나보낸 그날 이후 달맞이꽃을 보면 슬프다. 분이라는 이름도 달맞이꽃도 나에게는 눈물이다. 언제쯤이면 울지 않고 분이 언니 이야기를 할 수 있을까.

분이 언니가 서른아홉 해를 산 흔적은 사진 몇 장이 전부다. 사진 속 언니얼굴은 슬픔을 참고 있는 것 같다. 금방이라도 쏟아질 것 같은 촉촉한 눈이다. 세월이 갈수록 짙어지는 그리움이 나무의 옹이처럼 단단해진다.

처음부터 세상에 없었던 것처럼 아무런 흔적도 남기지 않겠다던 분이 언니의 흔적은 어디에도 없다. 아무도 못 찾게 완벽하게 세상에서 사라지고 싶다던 언니의 뜻대로 되었다. 혼자서 죽음을 준비하며 얼마나 무섭고 외롭고 아팠을까.

고향집 작은 방에 앉으면 지금도 나는 언니의 목소리를 환청처럼 듣는다.

"동생아. 언니 백 원만 빌려 줘. 그러면 나중에 이자 붙여서 이백 원 줄게."

나를 꼬드기느라 언니가 활짝 웃는다.

"그래, 언니야."

나는 남루한 벽에 백 원짜리 동전 하나를 그려 넣는다.

옷장

여름을 갈무리하려고 옷장을 정리한다. 옷장 속에는 몇 년째 세상 구경 한 번 하지 못한 옷들이 여러 벌이다. 해마다 버리려다 미련이 남아 다시 넣어둔 옷들이 대부분이다. 어깻죽지에 세월의 더께를 뽀얗게 얹은 채 바깥으로 나갈 날 만을 기다리고 있다. 유행도 지났고 몸에 맞지도 않은데 무엇이 아까워 보관하고 있는 걸까.

머뭇거리면 다시 넣어 둘까 봐 아파트 헌 옷 수거함으로 향했다. 초록색 수거함은 다른 사람들이 버린 옷으로 이미 가득 차 있다. 가져간 옷을 통 안으로 꾹꾹 밀어 넣었다. 나의 오랜 허물들이 하나 둘 수거함 속으로 사라진다. 허전함이 밀려왔다. 아끼던 내 삶의 조각들, 내 것이라고 움켜잡고 안간힘을 쓰며 살아온 날들을 떠나보낸 듯했다. 그러면서도 나의 결단에 후련함을 느꼈다. 여태 내 것은 하나라도 잃지 않으려고 아등바등 애쓰며 살았다는 생각이 들었다. 이젠 손에 움켜잡은 것들을 조금씩 내려놓고 싶다.

입지 않던 옷을 정리했을 뿐인데 한결 가벼워진 내가 느껴진다. 다시 설레는 삶을 살기 위해 기지개를 켠다. 많이 가지려고 애쓰기보다 놓을 줄 아는 여유를 가져야겠다.

달맞이꽃

그해 여름은 비가 쉬지 않고 내렸다. 그녀를 떠나보내고 일주일이 지났다. 그녀가 살던 집으로 향했다. 평소 그녀는 외모를 꾸미는 일은 물론 집을 꾸미는 일에도 관심이 없었다. 평생 살아온 이승의 짐은 옷장, 밥솥, 밥상, 빨래건조대 한 개와 가스레인지가 전부인 살림살이였다.

그녀가 살던 방은 8월의 장마와 함께 암울한 기운이 곳곳에 묻어났다. 그녀의 방은 1층 귀퉁이의 작은 방이다. 지루하게 내리는 빗소리가 가슴을 찌르는 파편 같았다. 넋이 나간 사람처럼 나는 찬 바닥에 앉아 그녀를 생각했다. 어찌 이리 살았을까. 살다 간 흔적이 초라하고 서러워 눈물이 자꾸 났다.

옷장 문을 열었다. 삐걱! 소리가 울먹이는 그녀의 목소리인 듯 들리며 문이 열렸다. 외출복 한 벌 변변히 없이 가난하고 빈약했다. 옷장 안에는 평소 그녀가 즐겨 입던 달맞이꽃이 수놓아진 낡은 셔츠가 얼굴을 삐죽이 내밀고 있었다. 낡은 만큼 즐겨 입었다는 의미겠지. 그녀는 가고 그녀의 옷만 흔적을 고스란히 안고 남아 있다.

"언니야!"

부르니 달맞이꽃이 된 그녀가 환하게 웃고 있다. 그녀는 분이 언니였다.

달맞이꽃을 보며 내가 울고 있다. 그 옆에는 언니가 평화로운 얼굴로 내 눈물을 닦아 주며 울지 말라고 토닥인다. 나는 "언니가 죽은 줄 알았잖아."하고 서럽게 울었다.

"바보, 사람은 누구나 죽어. 조금 일찍 가고 늦게 갈 뿐이지. 나는 괜찮아. 지금 얼마나 편안한데. 언니는 잘 지내니까 걱정 안 해도 돼. 네가 자꾸 울면 언니가 떠날 수가 없잖아. 언니 걱정 말고 울지 말고 잘 지내"

언니가 내 눈물을 닦아주었다. 노란 달맞이꽃 옆에서 언니가 활짝 웃고 있다. 언니와 함께 길을 따라 걷는다. 아주 천천히. 가다 보니 익숙한 길이 나왔다. 금정도서관으로 가는 길이다. 도서관을 지나 계속 걸었다. 달맞이꽃이 피어 있는 길, 누가 이곳에 이렇게 많은 달맞이꽃을 심어놓았을까. 끝도 없이 이어지는 꽃길을 따라 끝없이 걷는다. 이 길 끝에는 뭐가 있을까.

"나는 이 꽃이 참 좋다. 지금도 아버지와 마루에 앉아 달맞이꽃을 보며 이야기 나누던 때가 가끔 생각나. 아버지는 내가 달맞이꽃처럼 예쁘다고 말했는데…….

달맞이꽃을 보고 있던 언니가 어느새 저만큼 멀어졌다. 나보고 집에 가라고 자꾸 손짓한다. 나는 언니를 따라가려고 뛰듯이 걸어갔다. 하지만 언니와의 거리는 점점 더 멀어졌다. "언니야, 언니야."애타게 부르다가 잠에서 깨어났다.

잠에서 깨고 나서도 마치 언니가 옆에 있었던 것처럼 기억이 뚜렷했다. 어쩌면 언니의 영혼이 내 꿈에 찾아 와서 마지막 인사를 하고 갔는지도 모른다.

꿈에서 언니가 입고 있던 달맞이꽃이 수놓아진 하얀 옷, 그 옷이 옷걸이에 걸려있었다. 나는 가만히 달맞이꽃이 활짝 피어 있는 옷에 손을 얹었다. 언니 얼굴인양 가만히 어루만져 보았다. 언니의 흔적이 고스란히 손끝의 감각을 타고 전해온다.

"아버지 말이 맞네. 달맞이꽃이 꼭 언니 같네. 언니야, 이제 내가 언니 그만 보내줄게. 미안해 언니야."

나는 옷걸이에서 달맞이꽃이 수 놓인 하얀 옷을 천천히 분리했다.

아버지와 셋째딸 분이가 마루에 앉아있다. 달맞이꽃이 달빛만큼이나 환했다. 아버지는 달맞이꽃, 꽃씨를 화장실 옆에 있는 화단에 심었다. 아버지는 꽃에 대해 잘 알지는 못해도 이 앙증맞은 꽃이 피어서 어린 딸들이 화장실 갈 때 달빛처럼 환하게 비춰주면 좋겠다는 생각에서 심었다.

"노란 달맞이꽃이 우리 삐 공주 닮았네."

아버지가 셋째딸 분이를 보며 말했다. 분이는 분이라는 이름보다 삐 공주라고 불리는 걸 좋아했다. 어릴 때 분이는 울보였다. 아주 사소한 말에도 걸핏하면 울었다. 아버지는 심심하면 삐져서 우는 분이를 삐 공주라 불렀다. 분이는 아버지가 "삐 공주" 하고 부르면 진짜 공주가 된 기분이었다.

그날 분이의 가슴에 달빛처럼 환한 달맞이꽃이 피어났다.

3부

윤승선

귀밝이술

정월 대보름, 수필수업이 있는 날이다. 수업이 끝나고 글동무가 가져온 와인으로 이명주를 마시기로 했다. 먼저 와인 전문가로 자처하는 이의 강의가 있었다. 와인을 따는 법에서부터 따르는 법, 마시는 법, 맛을 음미하는 법까지.

모두 술잔을 들어 마음을 합한 후 한 모금 머금는다. 시큼하고 떫다. 내가 좋아하는 달짝지근한 맛이 아니다. 하지만 한 모금을 입에 머금고 떫은맛 단맛 신맛 쓴맛을 다 느껴보라는데… 네 가지 맛을 다 느끼려 애쓰며 두 잔을 마셨다. 오잉? 14도짜리 와인에 은근히 취하네.

술이 또 다른 술을 부른다. 술이 오르면 내 안의 또 다른 나, 가만히 웅크리고 있던 용감한 내가 나선다. 속에서 숨죽이고 있던 것들이 부끄럼 없이 망설임 없이 발 벗고 나서 나부댄다. 2차!

2차를 가자고.

내게 술 권했던 친구들, 이름 하여 주사모 회원들. 술을 사랑하는 사람들의 모임이다. 그림을 함께 그리던 친구들은 집에서 가져온 도시락으로 점심을 해결하였다. 누군가가 사온 소주를 반주로 곁들여 마셨던 게 지금까지도 지속되고 있는 주사모를 탄생시켰다.

맏며느리인 한 친구. 명절날 술상을 차리고 또 차리고 이제는 끝인가 하면 시누네 식구들이 들이닥친단다. 그럴 때 손님상에서 남아 나오는 술들을 홀짝 들이키며 마음을 가라앉힌단다. 그래 오느라, 기꺼이 한 상 차려 대접해 주마, 넓은 마음이 된단다. 그러면서 내게 술을 권했다.

또 한 친구는 청소하기 싫을 때, 집에 남아있는 소주 한잔을 마시고 시작한단다. 청소도 집안일도 힘차게 기분 좋게 할 수 있단다. 그러면서 내게 술을 권했다.

거절하지 못해 눈 질끈 감고 치를 떨며 마신 술, 이게 요물이다. 이해 못할 거 없어지고 미운 사람 없어지고 못해 낼 일 없어진다. 나는 슈퍼맨이 된다. 세상이 달리 보인다.

술 한 잔에 세상이 달리 보인다는 나를 무척이나 부러워하는 또 한 명의 친구가 있다. 이 친구는 술이 들어가면 마취약이 온 몸에 퍼지는 것 같이 무기력해지는 느낌이 싫단다. 그래도 말이다, 이렇게 속이 썩는데, 세상이 달리 보인다는데, 그 기분 한 번 느껴 보고 싶더란다. 용감하게 혼자서 조용히 시도해봤다. 아무도 모르겠지? 외나무다리를 건너듯 조심조심 조신하게 걸어보지만 마음뿐이다. 몸이 마음 말을 안 들어준다. 구름 위를 걷는 것 같다. 위로 솟았다 아래로 꺼졌다, 지 맘대로 울렁거리는 땅에게 짐짓 눈을 부릅떠 보인다.

어쩌나. 그 모습을 내게 들켜버리고 말았으니. 혼자 보기 아까운 광경이었다. 그 장면을 떠올리면 웃음이 절로 난다. 술이 목을 넘어갈 때의 찌릿함을, 온 몸으로 아딸딸하게 퍼지는 행복을 모르다니. 오 불쌍한 내 친구. 소주 맛을 모른다는 것은 인생의 쓴 맛을 모르는 것이라며 나는 친구를 놀려먹는다. 아직도 술을 못 마시는 그는 술 한 잔에 천군만마를 얻듯 힘을 얻는 나를 질투할 뿐이다.

술이 한 잔 들어가면 성대도 커지는가? 노래방에서의 나는 카수가 되어 감정까지 잡아가며 용감무쌍하게 소리를 내지른다. 와인을 마시며 읽는 소설책은 어떤가? 불타는 금요일 늦은 밤, 집에서 맥주를 홀짝이며 보는 영화는 또 어떤가? 감정의 파고도 높아지고 이해의 폭도 커져서 주인공의 마음까지 읽어낸다. 작가의 마음까지 읽어낸다. 감동 또 감동이다. 별 것 아닌 장면도 내게는 별 장면이 되어 눈물을 펑펑 쏟는다.

오늘 정월 대보름, 귀밝이술을 기분 좋게 마셨다. 대보름날 아침에 데우지 않은 맑은 술을 마시면 한 해 동안 귀가 밝아지고 좋은 소식을 많이 듣게 된다는 이명주. 나는 귀가 밝아진다는 뜻을 남의 말을 잘 듣는 것으로 해석해본다. 대화의 고수는 말 잘하는 사람이 아니고 남의 말 잘 들어주는 사람이랬다. 귀를 열고 마음을 열고, 귀 기울이고 마음을 기울이면 들리지 않을 소리가 있을까. 개떡같이 말해도 콩떡같이 들리지 않을까.

대보름에 진한 이명주를 마셨으니 상대의 말을 잘 듣고 말 너머에 있는 마음까지 들을 수 있겠지. 내가 내게 하는 말도 잘 들을 수 있겠지. 그래서 내 마음도 잘 돌볼 수 있겠지.

집으로 돌아가는 짧은 시간에 온갖 생각들이 내게 말을 들려준다.

'모두 다 사랑하라. 더 뜨겁게 살아라.'

내 마음의 소리를 듣는다. 이명주 덕분에.

옆길로 빠져

수많은 새해 다짐들을 이월하는 2월이다. 2월로 이월된 숙제를 아직도 끝내지 못했다. 겨울을 소재로 한 글쓰기. 어쩌지? 곧 삼월인데. 봄이 오려는 마당에 내 머리 속에는 아직 겨울이 한 가득이다. 이 엉킨 겨울들을 어떻게 풀어나갈까. 어디서 시작하여 어디서 끝을 맺나. 머릿속에 들러붙은 겨울을 비우고 봄맞이를 할 수는 있을까.

나는 모범생이었다. 자타가 공인하는 모범생은 아니고 타인만 인정하는 모범생말이다. 얌전한 인상이 오해를 불렀을까. 이주일은 못 생겨서 죄송하다 했다. 그렇다면 나는 사실과 다르게 얌전하고 성실한 얼굴이어서 죄송하다. 빠짐없이 해간 숙제 때문인가? 가방만 들고 왔다리 갔다리 한 학창 시절, 숙제는 내게 유일한 예습이고 복습이었다. 성실해서는 결코 결단코 아니다. 숙제를 하지 않을 두둑한 배포가 없었고 겁이 많았을 뿐이다. 아, 숙제, 숙제. 그것이 문제로다.

대학교 일학년, 교양 영어 시간이었다. 그날 배운 분량을 다음 시간까지 번역해가야 했다. 검사받은 도장 개수가 학기말 출석 일수가 되는 거다.

이제 막 신입생이 돼 모든 것이 낯설었다. 낯가림이 심한 내가 오죽 했을까. 어느 날, 참으로 깨끗하고 선량하고 가냘프고 예쁘게 생긴 여학생이 내 옆에 와 앉았다. 생김새와는 다른 투박한 목소리로 그녀는 숙제를 해왔느냐고 물었다. 내 대답은 기다리지도 않고 보여 달라 한다. 말 한마디 나눠본 적 없는 나에게 숙제를 내놔라니. 예쁜 생김새와 저돌적인 말에 괜한 주눅이 든 내가 거절할 깜냥이나 되었겠나. 공책을 내어주고 얼이 빠져 그녀가 하는 양을 지켜본다. 점입가경이다. 내 숙제를 급하게 베껴 쓰던 그녀는 수업 종이 울리자 몇 장 노트를 넘기더니 마지막 대목을 적는 거였다. 헉, 이럴 수가. 저렇게 단아하게 여리게 생겨가지고…. 갓 스물인 어리버리한 나에게 그녀의 행동은 '세상에 이런 일이'였다. 들켜서 창피를 당하지 않을까. 노트 검사를 마칠 때까지 내 심장은 다 쪼그라들었다. 다행히 교수님은 백지로 건너뛴 앞장을 넘겨보지 않고 펼쳐놓은 마지막 장에 출석 도장을 찍어주었다.

그녀의 추진력 순발력은 나의 소극성 소심함을 감싸 안고 우리를 키워갔다. 그럼에도 여전히 나는 나답게 늘푼수 없고 그녀는 그녀답게 용감무쌍하다. 그 청초하던 모습은 세월 따라 사그라졌지만 우리의 우정은 여물었다.

글감으로 나온 겨울을 생각하다 옆길로 빠졌다. 옆길로 가보니 또 샛길이 나오고. 옆길로 샛길로 빠지며 행복에도 빠진다. 재촉하는 숙제를 아예 밀어내고 옛날을 돌아다닌다. 그 시절의 친구에게도 숙제보다 더 재밌는 일이 있었겠지. 가보자. 기억 저편에서 어떤 재미있는 일이 나를 기다리고 있을지.

중학교 때 해갔던 음악 숙제가 생각난다. 선생님은 새 노래를 배우게 되면 악보를 그리고 그 아래에 음이름 계이름을 적고 박자표를 그리고 건반 위에서 올릴 음 내릴 음을 표시해오게 했다.

내키지 않은 일을 마지못해 할 때 숙제하듯이, 라고 말한다. 어쨌든 나는 숙제는 빼먹지 않고 해갔다. 숙제하듯이 해간 숙제 덕을 요즈음에 보고 있다. 머릿속 어딘가에 쓸모없이 박혀있던 숙제들이 먼지를 털고 나타나 나를 빛내 준다.

기타 학원에서도 악보를 베껴 그리게 한다. 새 곡을 받아 악보를 그리면 실력이랄 것도 없는 실력에 감탄하며 한마디씩 던진다. 학교 다닐 때 공부를 잘 했겠다고. 졸지에 공부 잘했던 학생으로 또 오해받는다. 그때 공부를 열심히 했더라면 그래서 공부를 잘했더라면 지금 이렇게 살겠나. 나는 속으로 웅얼거리며 열심히 공부하지 않았던 학창 시절을 후회한다. 그래도 숙제 덕분에 악보 읽기가 수월하기는 하다. 역시 쓸데없는 숙제는 없다니까.

"뭘 훌륭한 사람이 돼. 그냥 아무나 돼." 지난해 '한끼줍쇼'에 출연한 가수 이효리가 한 말이다. 어른이 되면 어떤 사람이 될 거냐고 길 가다 만난 꼬마에게 강호동이 물었다. 훌륭한 사람이 되어야지, 라고 답한 이경규에게 타박하듯 던진 말이다.

나는 아무나였고 지금도 아무나이다. 그래도 말이다 아무나는 아무나 될까. 그나마 숙제라도 잘해간 덕분에 이정도의 아무나는 되지 않았을까. 아니다. 숙제를 해가지 않아 친구들 앞에서 망신당하고 선생님들께 혼나는, 그런 맷집을 키웠더라면 사는 일이 좀 쉬웠을라나. 지금보다 조금은 더 나은 아무나가 되었을라나.

마음대로 내 모습을 만들 수 있다면 나는 어떤 모습을 택할까. 여전히 숙제는 해야 하는 어리한 모범생으로? 삶의 모습에서 꼭 하나만이 정답은 아닐진대 이제는 다르게 살아볼까. 누가 뭐라던 상관없이 하고 싶은 대로 하고 사는 대범한 사람으로 말이다.

아무리 생각해 보아도 나는 아무나가 좋다. 이 나이까지 숙제에 얽매이는 벅수이지만 숙제, 해야 할 일이다. 그것이 내 세상살이의 기준이다.

사소하고 평범한 일들을 지속하는 것이 비범일 터이다. 숙제를 하자, 숙제를. 숙제하듯이 말고 축제하듯이.

틈

이름이 화끈하고 박력이 있다. 불타는 정열, 뜨거운 사랑 이야기가 나를 기다리고 있으리라. 여기는 거문도. 불탄봉으로 산행을 나선다.

365계단부터 시작이다. 멋진 돌계단은 연속극에서나 보던 부잣집 진입로 같다. 동백나무가 양 옆으로 서서 우리를 맞이한다. 무성한 잎 사이로 새빨간 동백꽃이 수줍게 고개를 내밀었다.

동백꽃은 세 번을 핀다고 한다. 나무에서 피고 송이 째 뚝뚝 떨어져 땅에서 다시 피어나고 사람들 가슴에서 또 한 번 피어난단다. 떨어진 꽃들이 만든 꽃 융단을 나는 사뿐히 지르밟고 지나간다. 차마 밟지 못하는 마음 약한 사람들이 떨어진 꽃을 한데 모아 바위에 예쁘게 얌전하게 올려놓았다.

어디선가 새 소리가 들린다. 동박새인가? 동백꽃 근처에는 어김

없이 동박새가 보인다는데.

양편으로 갈라선 동백나무가 긴 가지를 뻗어 어깨동무를 했다. 빽빽하게 들어선 동백나무 터널에는 해가 끼어들 틈이 없다. 떨어진 붉은 꽃들이 어둠과 서늘함 속에서 처연해 보인다.

이 계단만 끝나면 편한 길이 나온다는데 계단은 끝날 기미가 없다. 산에서 듣는 '조금만 가면 다 왔다'는 말은 정녕 믿을 수가 없다. 저기만 돌아가면, 저 모퉁이만 돌아가면…. 저기 저 모퉁이가 대체 어디란 말인가. 365계단이 아니고 3650계단이 아닌가, 투덜거리며 걷는다.

"왜 그렇게 따라다니며 일일이 간섭을 하는 거야!" 뜬금없이 저만치 앞에서 앙칼진 여자 소리가 들린다. 새들도 놀랐는지 노래를 멈췄다. 헉헉거리던 내 숨소리도 잦아들었다. 비켜서지도 않은 채 길 중앙을 떡하니 가로막고 서서, 부부인지 아닌지 모를 중년의 남녀가 싸우고 있다. 오히려 우리가 슬금슬금 눈치 보며 비켜간다. 벌써부터 한 잔 걸친 듯 남자의 모습은 허수하다.

동백의 꽃말은 '누구보다 그대를 사랑한다'이다. 누구보다 그대를 사랑한다는 동백에 둘러싸인 여자의 소리는 하늘을 찌르고 찌른다. 여자의 말인즉 나를 좀 그만 사랑해 달라는 말이던가. 그 남자 참, 혼자 사랑하다 말일이지. 그리움에 지쳐서 울다가 지쳐서 동백꽃처럼 뚝뚝 저버리고 말일이지. 그랬더라면 여자의 가슴에서 다시 피어날지도 모를 일을.

뾰족한 여자 목소리는 남자만 찌르는 게 아니다. 공기 중으로 퍼진 독 어린 목소리에 동백나무가 괴롭게 몸을 뒤튼다. 나무들의 어깨동무는 조금씩 느슨해진다. 이때다 하고 느슨해진 틈을 비집고 햇빛이 들어온다. 나무 사이로 새어 들어온 햇빛이 그린 무늬가 예쁘기도 하다. 바람도 끼어든다. 반갑다.

치밀하고 촘촘했던 동백나무 터널으로는 햇볕 한 점 바람 한 점 들어오지 않았다. 그 남자의 사랑도 그랬을까. 답답해서 숨을 쉬기도 힘들었을까. 숨 쉴 틈 없는 부담스러운 사랑은 여자는 남자의 마음을, 남자는 여자의 마음을 더 모르게 했을 것이다. 사랑하기 때문에 틈 없이 가까워지려한 남자의 죄, 오래도록 가깝고 싶어 거리를 두려한 여자의 죄, 누구 죄가 더 무거울까. 맘대로 이야기를 꾸미고 맘대로 죄를 만들고 맘대로 재판을 고민하느라 투덜거림은 저만치 밀려났다.

작은 아들은 주례 없는 결혼식을 올렸다. 혼인선언서를 읽는 아들, 떨리는 목소리에 긴장감이 역력하다. ~~~ 한 남편이 되겠습니다라 말해야 할 걸 ~~~하는 아내가 되겠습니다로 읽어버렸다. 웃음이 빵 터졌다. 모두를 한 마음으로 웃게 한 그 실수가 그날의 압권이었다. 결혼사진을 보노라면 일가친지들의 얼굴에 사랑이 한 가득이다. 한 친구는 “내 아들 결혼식에는 의도적으로라도 실수를 하게 하겠다” 고 했다.

이란에서는 아름다운 문양으로 섬세하게 짠 카펫에 의도적으로 흠을 하나 남겨 놓고, '페르시아의 흠' 이라 부른단다. 인디언들은 구슬 목걸이를 만들 때 살짝 깨진 구슬을 하나 꿰어 넣고는 '영혼의 구슬' 이라 부른단다. 완벽한 사람처럼 매력 없는 사람이 있으랴. 상대방을 무장 해제시키는 비밀무기는 그 사람의 흠이리라. 진정한 완벽함은 느슨함에 있다고 느슨한 나는 믿는다. 돌담이 여간한 태풍에도 무너지지 않는 것은 돌과 돌 사이의 틈새로 바람이 지나가기 때문이라지 않는가. 헤실헤실하게 열린 틈 사이로 사람과 사랑이 드나들 거라고, 복된 일도 그 빈틈으로 들어올 거라고, 빈틈이 많은 나는 믿는다.

365계단은 끝났다. 바다와 나란히 걷는 해안길이 시작된다. 싸움의 결론이 어떻게 나려는지 궁금하지만 지체할 수가 없다. 선두가 너무 앞서간다. 바다를 삼켜버린 안개가 산길까지 침범해 나를 쓰윽 스쳐 지나가기도 하는, 전설의 고향에서나 나올법한 여기는 어느 세상인가, 감탄할 사이도 없이 바쁘게 걷는다.

산에서 일행을 놓치면 길을 잃을까 두렵다. 앞선 사람이 안 보이면 불안하다. 더디게 가는 나 때문에 뒷사람이 답답할까봐 뒤에서 바짝 따라 붙어도 신경이 쓰인다. 앞선 사람도 뒤따라오는 사람도 너무 멀어질까 너무 가까워질까 불안하다. 적당한 거리가 있어야 한다. 햇살과 자유의 바람이 서로에게 드나드는 아름다운 사이를 두고 함께, 그리고 혼자 걸을 수 있으면 좋겠다.

이제 동백들의 어깨동무는 완전히 풀어졌다. 서로 남이 되어 갈라 서 있다. 갈라선 나무 사이로 햇볕이 한 가득 들어찼다. 토라져 갈라졌던 동백들은 햇빛 쪽으로 다시 가지를 내밀어 손을 맞잡겠지. 동박새도 숨죽이게 하던 용감한 남녀 전사들의 전쟁은 끝이 났을까. 틈 사이로 빛이 새어 들어오고, 갈라선 사이로 햇빛이 마구 쏟아지듯 그들에게도 또다시 사랑이 쏟아졌을까.

성실에 관하여

갈까 말까? 별 일도 없으면서 망설인다. 예강 쌤도 감기로 못 온다하고 금희 씨도 수술한 눈이 아직 덜 아물어 못 온다 하고. 나는 감기도 걸리지 않았고 눈도 안 아프니 핑곗거리가 없다. 혼자 수업 하는 게 한두 번 아니건만 마음이 불편하다는 핑계를 댄다. 혼자를 위해 히터도 털어야 하고 온 학교에 전기도 돌려야 한다며 쓸데없이 궁상을 떤다. 그런 척 핑계를 만들어 붙인다.

순전히 비 때문이다. 선생님이 기다리실 텐데 배우는 사람의 자세가 이래서는 안 되지. 비도 촐촐 오는데 교실 수업을 일찍 파하고 수업 장소를 옮기자고 떼를 써볼까? 비 오는 날에는 막걸리에 부추전이 딱이지.

가자. 가서 공부하는 기운을 받아오자. 게으르고 제 멋대로이고, 그런 단점을 다 막아줄 재능이라든가 매력이라든가 가 있는 것도 아니면서 불성실까지 한다면 나마저도 나를 싫어하지 않겠나. 재능도 없는 것이 성실이라도 해야지. 사람이 양심이 있어야제.

그런데 말이다, 성실하다는 건 참 매력 없어 보인다. 성실하다는 건 재능이 없다는 말로 느껴져서. 내가 원하는 건 재능이지 성실함이 아니다. 성실하다는 건 무언가를 죽기 살기로 해야 하는 것일 터, 나는 재능도 성실도 가지지 못한 사람. 추적추적 비 오는 밤에 내 마음에도 비가 내린다. 자학이라는 슬픈 비가.

식당에 앉아서 오늘의 갈등을 말씀드렸다. 선생님은 27년을 문예교실을 이끌어오면서 단 한 번도 결강한 적이 없다고 한다. 부끄럽다. 배우는 사람이 아무 명분도 없이 수업을 빼먹을까 말까 했던 것이.

매콤한 부추전과 막걸리 한 사발에 기분이 좋아졌다. 가로등 아래로 부서지는 빗줄기를 보며 돌아오는 길은 행복하다. 그 좋은 기분을 만끽하려 더 비틀거리며 걸어본다. 다른 사람들이 결석하는 날에 혼자 이렇게 수업 받는 것, 이거야 말로 성실이라고 생각하며. 성실이 가장 큰 재능이고 말이다.

결석하지 않음을 성실이라 단정 짓고 나는 상상의 날개를 펼친다. 먼지 같은 성실이 쌓이고 쌓여 언젠가는 재능으로 짠! 하고 변하리라고. 내가 원하는 대로 나타난 재능은 아니지만 성실을 재능 쪽으로 이끌고 가는 나를 그린다. 타고난 문장가도 타고난 이야기꾼도 아니지만 이 눈곱만한 성실함을 불씨 삼아 재능으로 살리는 나를 그린다. 상상 속을 헤매며 걷는 비 오는 밤길이 기막히게 아름답다.

내친 김에 다짐까지 한다. 한 주에 한 편씩의 글을 쓰겠다고. 그것을 개발이 쓴 것이든 새발이 쓴 것이든 어쨌든 쓰겠다고. 성실히 쓰겠다고.

내일 아침, 성실에의 다짐들은 다 사라지고 다시 게으름이 찾아올지라도 오늘 이 당연한 성실 때문에 나는 행복했노라.

비 내리는 날이면

또 비가 내린다. 올해는 봄비가 유난히 잦다.

출근 길 버스 안, 주현미의 밤비 내리는 영동교란 노래가 들린다. 라디오 음량을 나직이 틀어놓고 운전하던 젊은 기사가 소리를 키워준다. 오, 센스쟁이! '비에 젖어 슬픔에 젖어 눈물에 젖어 ~~~' 속의 말을 다 토하듯이 내지르는 주현미 창법이 나는 좋다. 비에 젖어 슬픔에 젖어 눈물에 젖어 하염없이 걷고 싶어진다, 나도.

우리 공장 현장에서도 비 노래가 들린다. '비오는 낙동강에 저녁노을 짙어지면 흘러 보낸 내 청춘이 눈물 속에 떠오른다.' 비 오는 날 더 구성지게 들리는 이 노래는 박 씨가 즐겨 부른다. 노동의 힘듦을 짜증 아닌 노래로 풀어내는 멋진 아저씨다.

비 오는 날은 피아노곡도 듣기 좋다. 모차르트의 녹턴이 좋겠다. 아니, 묵직하고 깊은 첼로 연주가 좋을까. 바하의 무반주 협주곡을 클래식한 서재의 클래식한 의자에 깊숙이 앉아서 듣고 싶다.

비 오는 날은 면발 땡기는 날, 비 오는 날 만나서 국수 먹는 모임도 있더라. 나도 그런 모임 하나 만들까. 비 오는 날에 어디 면발만 땡기나. 부추전에 막걸리, 삼겹살에 소주는 어떤가! 지글지글 지글지글 기름 튀는 모습이 아스팔트에 튀는 빗방울 같다. 지글거리는 소리도, 냄새도 비 오는 풍경과 환상적으로 어울린다.

스커트 자락을 걷어잡고 얕게 고인 빗물을 춤추듯 찰박거리며 거리를 쏘다녀볼까. 창 넓은 찻집에서 뜨거운 차를 마시며 비 오는 거리를 하염없이 바라보고도 싶다. 이루지 못할 사랑과 멀리 도망가, 어느 가난한 산동네 함석지붕 위로 떨어지는 빗소리를 함께 듣고도 싶다.

비 오는 날 하고 싶은 일을 듣고 싶은 음악들을 고르며 퇴근 시간을 기다린다. 퇴근길의 버스에서는 팝송 'rain and tears'가 흘러나온다. 비 오는 날은 달콤하고 부드러운 노래보다는 이렇게 꺼끌꺼끌한 목소리가 더 매혹적이다. 두근두근 설렌다. 비가 되어 돌아올 사람도 없는데 말이다.

'비 오는 날 집안 일하기 좋아. 발동 걸려 하루 종일 집안일 했어'라는 친구 문자. 신나게 달리던 내 상상 길은 끽! 급정지된다. 나도 집안일을 해야 하나?

오늘은 고맙게도 밥 챙겨줄 가족도 없고, 에라, 모르겠다. 집으로 돌아온 나는 큰 대자로 드러눕는다. 집안일은 가족들 있을 때 열심히 하는 척 하고 오늘은 가만히 있자. 트로트도 아니고 팝송도 아니고 클래식도 아닌 음악 같은 빗소리를 들으며 그냥.

예상 밖의 창조적 순간은 넋을 놓을 때 고요와 함께 오는 거란다. 혹시나 알 수가 있나. 넋 놓고 빗소리 듣다 과거 어느 때인지, 그 시절의 냄새와 그 시절의 풍경과 그 시절의 사람들을 불러 모아 예상 밖의 창조를 하게 될지.

참 좋을 때

가리늦게 기타를 배우러 다닌다. 이제 와 기타라니! 망설이고 망설이다 굳게 마음먹고 학원을 찾았다. 세월이 더 흐른 뒤에 또 후회하지 않으려.

낮이라는 시간대 때문인가 나이 든 어른들이 대부분이다. 악보가 잘 안 보여서인지 미간을 찌푸리고 굳은 손가락을 튕기며 애쓰는 모습이 답답해 보였다. 하루 이틀 날이 가고 낯이 익을수록 답답함은 멋짐으로 변한다. 나이듦이 벼슬인 듯 '내가 납네' 거드름 피우는 어른들보다 훨씬 넉넉해 보인다.

오른손은 미세 먼지를 털어내듯 가볍게, 왼손도 슬쩍슬쩍 손가락 끝을 갖다 대듯 하란다. 소리를 내려하지 마란다. 힘 빼라, 힘 빼라, 하루에도 몇 번씩 듣는 소리다. 제 음에 맞는 줄과 칸을 짚으려면 작고 짧은 손가락을 쫙 벌려야하고 손가락을 힘껏 벌리면 손에 힘은 절로 들어간다. 왼손에 힘이 들어가면 오른손에도 따라 힘이 들어간다. 힘 빼기가 어디 쉽나. 운동이든 어떤 일이든 힘이 빠지면 반은 이룬 거지. 귀에 못이 박히면 손에 힘이 빠지려나.

소리가 잘 나면 손에 힘이 들어갔다고, 손에 힘을 빼면 또 너무 소심하게 친다고 지적당한다. 코드를 제대로 짚었는지 목을 길게 빼고 몸통을 내려다보면 너무 정직하게 친다 한다. 틀려도 좋으니 과감하게 쭉쭉 나가란다. 지판 뒷부분이 보이는 자세로 앉아 감각으로 짚어내야 한단다. 이러면 저게 걸리고 저러면 이게 또 걸린다. 우리네 인생살이 같다. 휴, 어렵다. 기타를 안은 폼도 영 어색하다. 진땀이 삐질삐질 난다.

이제 막 들어온 중학생은 며칠 뚱땅거리더니 어느새 벌써 잘 친다. 세상에서 제일 편해 보이는 자세로 앉아 줄도 보지 않고 그야말로 감각으로 음을 잘도 짚어낸다. 하기야 아이들은 휴대폰 문자판을 보지도 않고 잘도 두드리니….

괜히 시작했나. 후회스럽다. 이 무력감을 느끼려고 기타를 시작했던가. 마음만 젊어 몸과 감각이 굳었음을 인정하지 않으면 포기하게 된다고, 손도 굳고 감각도 무디다는 걸 인정하고 들어가야 스트레스 없이 배울 수 있다고 옆에 앉은 선배들이 일러준다. 그래도 칭찬 받고 배우는 유일한 학생이라는 위로도 해준다. 선생님도 젊었을 때 시작했더라면 잘 쳤을 거라고 한다. 젊었을 때 배워서 못하는 사람도 있을라나? 있겠지? 칭찬이 낫겠지? 칭

찬 받는 이유가 악보를 약간 읽어낼 줄 알아서 일 거라고, 쩔쩔매는 모습이 안쓰러워 해주는 말이라고 붕 뜨는 기분을 애써 내리누르지만 후회하던 마음은 이미 저만치 달아나버렸다.

기타 붐은 친구 남편으로부터 시작되었다. 서울, 대구에 흩어져 사는 우리 친구들은 일 년에 한 번은 남편들과 함께 만난다. 5년 전쯤인가, 모임에 친구 남편이 기타를 들고 왔다. 그리고 해마다 조금씩 진화해가는 기타 실력을 뽐냈다. 나도 기타를 샀다. 친구 남편이 기타를 치면 그냥 한 번 만져보는 척 하며 숨은 내 실력을 뽐내리라는 앙큼한 각본까지 짜두고.

몇 년을 먼지만 쌓아가던, 이제야 겨우 빛을 본 내 기타. 다시 집 속으로 들어가게 할 수는 없지. 이번에는 작전을 달리 한다. 친구들에게 떠벌리고 다녔다. 기타 배운다고, 언젠가 멋진 연주를 해 주마고. 내 기타 솜씨에 다들 감탄하는 상상을 하며 히죽히죽 웃었는데…. 그 꿈을 깨기로 한다. 치매 예방용으로 기타를 배운다고 아예 꿈을 팍 낮춰버렸다. 치매 예방으로라도 얼마나 낭만적인 방법인가.

집에서 혼자 연습할 때는 제법 뚱땅거리며 제멋에 겨워한다. 선생님이 내 앞에 앉으며 자, 한 번 해 봅니다 하는 순간, 김수희의 노랫말처럼 된다. '그대 앞에만 서면 나는 왜 작아지는가.' 힘을 빼야 하는 내 손은 더 빳빳하게 되고 손가락은 꼬이고 악보도 생각나지 않는다. 생각나지 않아 악보를 보려하면 또 어디를 치는지도 몰라 헤맨다. 아, 덥다. 왜 이 나이에 기타를 시작해 나아지지 않는 실력에 주눅 들고, 왜 젊은 시절에 배우지 않았을까 자책하고 침울해 하는가.

100번 연습해야 될 곡이면 120번은 연습해도 될 둥 말 둥하거늘, 한 20번 겨우 연습하고 늘지 않는다고 한숨 쉬는데 시간을 더 보낸다. 양심도 없어라.

'넌 나에게 무력감을 주었어' 영화에 나오는 조직의 보스처럼 읊조린다. 하지만 나는 기타를 사랑하기로 한다. 무력감은 겸손과 동무해서 왔기에. 낯섦에 따라다니는 긴장감도 함께 왔기에. 겸손과 긴장감은 나를 더 부드럽고 싱싱하게 할 것이기에.

"참 좋을 때다."

얼마 전, 처음 만난 사람이 나에게 한 말이다. 기껏 나보다 두 살 위이면서. 올해 들었던 말 중 제일 웃기는 말이라며 나는 깔깔 웃었다. 가만히 생각해보니 그 말도 참 맞다. 떠나가는 한 해 한 해가 얼마나 아쉽던가. 그래, 이르지도 않지만 늦지도 않았다. 미국의 모지스 할머니는 일흔다섯에 그림을 배우기 시작하여 백한 살까지 그림을 그렸다하지 않는가. 나는 이보다 얼마나 이른 나이인가. 모지스 할머니처럼 세상 사람들을 위로하진 못해도 적어도 나 스스로는 위로하진 않겠나. 친구들 앞에서 멋지게 연주할 그 언젠가가 언제가 될지 모르지만 환상 속에서 내 생활도 빛나지 않겠나.

시작은 힘이요 계속하는 것은 더 큰 힘이다. 나는 뚝심의 장거리 선수가 되겠다고 마음먹는다.

나는야 복순이

월급날이다. 남편에게 품위유지비를 줘야지. 지난달 당겨쓴 돈에 지지난달 것까지 제하고 나니 남는 거는 그야말로 쥐꼬리 만큼이다. 이래가지고서야 품위가 유지되겠나. "관상으로나 손금으로나 부자가 될 팔자라는데 아무리 둘러봐도 부자 될 건덕지가 없네." 남편은 가난한 지갑을 열어 보이며 한껏 불쌍한 척한다. "기다려봐라. 사람 일은 알 수가 없응게." 위로하는 척 비꼬는 내 말을 남편은 위로는 받고 비꼼은 그대로 통과시키며, "그렇제!" 단방에 환한 얼굴이 되어 지갑 속에 고이 간직한 로또를 자랑한다. "복권이 당첨되면 내게 말하지 말고 조용히 그녀와 함께 떠나라. 내게 당첨금 갖다 줄 생각도 하지 말고. 절대 그런 돈 안 받을끼다." 나는 엄격한 사람인 양 근엄하게 말한다. "그래도 의리가 있지, 반은 주고 떠날게." 그 희망에 달뜬 순진무구한 표정과 농담에 나는 또 약해지고 만다.

나는 인심 좋은 빚쟁이가 되어 빚 상환 일을 연장해주기로 한다. 이렇게 빚을 쌓아가다가 조만간 또 부도를 내리라는 걸 알면서. 새해가 되었으니 새 마음으로 다시 시작하자느니, 로또가 당첨되면 한 방에 갚겠다느니, 어쩌니저쩌니 갖은 감언이설로 나를 꾀어 남편은 결국 빚을 탕감 받게 되겠지. 그때까지는 일부러라도 쌓여가는 빚 독촉에 압박을 가하겠다. 많이 벌 줄은 모르고 많이 쓸 줄만 아는, 월급을 다 갖다 써도 모자랄 그의 씀씀이 때문에.

친구들은 나를 복순이라 불렀다. 여럿이 버스를 타도 내 옆에만 서 있으면 자리가 나고, 내 옆에만 따라붙으면 좋은 일이 생긴다고. 결혼 전 남편과 게임장에 간 적이 있었다. 재미 삼아 한 번 당겨본 파친코에서 칩이 우르르 쏟아져 나와 그때만 해도 귀한 바나나를 실컷 사 먹었다. 남편 동창회를 가도 경품에 당첨되었고 아파트 운동회에서도 경품이 당첨되었다. '복순이' 이름값을 톡톡히 해냈다. 복권을 사려면 내가 사야 하는 거 아닌가? 그까짓 복권, 사기만 하면야….

돈이 몹시 아쉬웠던 시절, 나는 마음먹었다. 내일은 꼭 복권을 사리라고.

일등 당첨! 이 많은 돈 어떻게 쓰지? 사고 싶었던 것 맘껏 사리라, 새 집으로 이사 가리라. 새 가구 새 살림살이에 바꾸지 않아도 될 것들까지 다 바꾸리라. 아니 아니 돈벼락 맞은 티 나지 않게 천천히 살금살금 바꾸리라. 서랍장 제일 밑 칸에 오만 원짜리 쫙 깔아놓고 마음대로 꺼내 쓰리라. 평생 띵까띵까 돈 걱정 없이 살리라. 허무맹랑한 꿈속을 헤매 다니다 보면 돈 걱정은 온데간데없이 사라지고 궁핍한 생활이 주는 궁핍한 마음에서 벗어날 수 있었다.

하지만 잠깐의 행복 뒤에 따라오는 고민들. 어떻게 돈을 찾으러 가지? 그 큰돈을. 언니와 올케들을 부를까. 동서들끼리만 비밀 회동을 할까. 최고급 호텔에서 최고급 음식들을 먹는 것으로 시작하자. 돈은 어떻게 나누지? 미운 사람은 주고 싶지 않다. 아니다, 그래도 가진 자의 아량으로 나눌 사람 목록에서 빼지 않기로 한다. 우리 형제들은 넷이고 시댁 형제들은 많으니 형평성에 맞지 않네. 우선 크게 3등분으로 나누자. 우리 형제 시댁 형제 그리고 나 이렇게. 시누들은 좀 작게 줄까. 이 형님은 내가 좋아하니까 저 형님은 형편이 어려우니까 좀 더 많이 줄까. 아니다. 계산이 복잡해지니 뒷말이 생길 수도 있으니 그냥 똑같이 나누자.

아이들에게는 비밀에 부치기로 하자. 돈 구덩이에 빠져 허우적거리느라 그들 인생길에서 겪고 보고 느껴야 할 소중한 것들을 잃어버리지 않을까 걱정부터 앞서기에. 또 내 아이들은 정직하게 땀 흘려 번 옹골진 돈으로 먹이고 입혀 영글게 키우고 싶기에. 남편 어깨의 짐이 내려지면 중심 잃고 방향 잃고 이리저리 훨훨 바람 부는 대로 날릴 수 있으니 안 되겠다, 남편도 빼기로 한다.

좋은 마음으로 다 함께 잘 살자고 궁리에 궁리를 거듭해서 나누어도 결국에는 다툼과 비난만이 남을 것 같다. 돈 때문에 형제간의 우애를 끊을 수는 없다. 성실하게 사는 사람들을 흔들어놓을 수도 없다. 돈만 있으면 다 해결될 것 같은 일들이 더 꼬이게 될 것 같다. 돈도 사람도 다 잃을 것 같다. 어렵다. 골치도 아픈데 그냥 사라질까. 복권이 당첨되면 일단 사라지라는 말이 있지. 그래도 그건 아니지 않나. 아무리 돈이 많은들 혼자서, 숨어서 돈을 쓴다면 흥이 날까. 좋은 집에서 좋은 옷 입고 좋은 음식을 먹어도 함께 할 사람 없다면 뭐가 즐거울까. 혼자서 잘 사는 것은 아주 재미가 없을 것 같다. 그래보지 않아서 모르겠지만.

돈이 많다고 생각하니 그렇게 사고 싶어 작성해놓은 위시 리스트도 다 무의미해진다. 못 사니까 사고 싶은 거지 아무 때나 아무 것이나 살 수 있는데 무슨 욕구가 생길까. 힘들어도 벅차도 하나 하나 해결될 때의 해방감도 충족감도 못 느낄 것 같다. 역시 재미가 없겠다.

세상에 공짜가 어디 있나. 돈벼락은 깨소금같이 고소한 내 삶의 재미를 내 꿈을 다 앗아 가겠지. 돈벼락 맞지 않아도, 건강한 몸으로 건강한 정신으로 잘 살 수 있어서 복순이 아닌가? 복순이의 깨알 같은 복을 싹 쓸어 거둬갈 것 같은 복권. 아이고 당첨될까 봐 겁난다.

이런 연유로 나는 사기만 하면 당첨될 게 틀림없는 복권을 사지 않았던 것이었던 것이었다. 잘한 일일까. 잘한 일이겠지?

빠꼬

에펠탑 앞이다. 귀중품 단속을 잘하라는 가이드의 당부에 나는 앞으로 맨 가방끈을 꼭 움켜쥐고 버스에서 내렸다.

광장에 들어서니 탑을 축소시켜 만든 기념품을 들이밀며 흑인이 다가왔다. 내일 입대 라는 한국말 로고가 박힌 모자를 쓰고서.

나는 두 아들을 군대에 보냈다. 내일 입대라는 말이 주는 아쉽고 흐뭇하고 애잔한 느낌을 한국인이 아니면 어찌 알랴. 생사가 오가는 전장에 내보낸 것도 아니었건만 입대라는 말만으로도 가슴이 아릿하다. 나 내일 입대한다고 시위하듯이 까만 얼굴에 살짝 올려 쓴 저 모자가 참 애교스럽다.

그는 한국말도 유창하다. 언니야, 언니야 하고 부르며 사진을 찍어주겠다고 나섰다. 사진을 찍어주겠다며 접근하는 사람을 조심하라는 주의를 받고도 그에게 휴대폰을 건넸다. 그는 사진작가처럼 다양한 포즈를 요구했다. 기념품은 내팽개치고 사진 찍기에 몰두했다. 덕분에 사진 속의 나는 저 위대한 조형물 에펠탑을 손가락 두 개로 집어 들었고 내 손바닥 위에 올려놓았고 에펠탑보다 높이 뛰어올랐다.

그 사람 이름은 빠꼬였다. 세네갈에서 왔고 한국에서 좀 살았다고 한다. 내일 입대라는 글자가 붙은 모자는 한국 관광객이 주고 간 선물이라나.

사진사의 임무가 끝난 그는 우리 버스까지 따라오며 그제야 지나가는 사람들에게 모형물을 팔기 시작한다. 빠꼬가 파는 물건을 사람들이 많이 사줬으면 좋겠다.

내가 조잡한 모형물을 사들고 온 걸 본 일행은 당했군! 하는 표정을 짓는다. 괜찮다. 내가 보지 못한 장삿속이 빠꼬의 마음에 숨겨져 있다 해도. 빠꼬 덕에 충분히 유쾌했으니까.

그래서일까. 파란 하늘 아래 낮게 드리운 뭉게구름이 나를 포근히 감싸 안는 듯하다. 이곳에서는 할머니도 할아버지도 아이들 손을 잡은 젊은 부부와 청년들도 모두 다 배우 같아 보인다. 아이들은 눕히면 눈을 감는, 어릴 적 내가 가지고 놀던 인형과 똑같이 생겼다. 종이컵을 들고 땅바닥에 주저앉아 있어도 숨길 수 없는 그들의 우월한 기럭지와 여유 있는 표정이 한없이 부럽다. 어라, 종이컵을 들고 길거리에 주저앉아 있는 파리지엥이 군데군데 보이네. 하아, 구걸하는 것이다. 파리에서는 거지도 멋지다더니 맞는 말이다. 화보처럼 보이는 저 외모에 저런 신체를 가지고 이 햇빛 좋은 날에 구걸을 하고 있다니!

몽마르뜨 언덕에는 어느 나라에서 왔는지 모를 흑인들이 맥주나 조잡한 기념품을 팔고 있다. 검은 피부와 커다란 눈이 왠지 짠하다. 괜한 동정심을 가질 때가 아니다. 버스에서 내릴 때마다 소지품을 조심시키는 가이드 말에 나는 가방 쥔 손에 또다시 힘을 준다. 가이드가 새로운 사실을 알려준다. 소매치기들이 후줄근하고 꾀죄죄한 흑인일 거라고 생각하면 큰 오산이란다. 멀끔하게 생긴 백인들이 친절한 미소를 띠며 접근한단다. 이건 무슨 말인가. 나는 애먼 흑인들만 경계했다. 그들에게 얼마나 큰 편견을 가지고 있었던가.

빠꼬 생각이 난다. 팍팍한 현실에서도 건실하게 사는 사람들, 축복받은 나라에서 축복받은 모습으로 태어나 소매치기하고 구걸하는 청년들. 이래서 세상은 공평한 건지 아닌 건지….

멀리서 봐도 멋진 새하얀 성당은 사크레쾨르 대성당이다. 파리에서 제일 높은 곳에 있다는 몽마르뜨 언덕 꼭대기에 우뚝 솟아 있다. 그곳에 들어가려는 사람들이 길게 줄 서 있다. 저들은 어떤 기도를 드리려는 걸까. 나는 언덕 뒤를 돌아 조그맣고 조용한 성당에 들어갔다. 엄숙한 성당에서 신심도 없는 내가 빠꼬를 위해 기도했다. 신이 빠꼬를 잘 보살펴주기를, 빠꼬에게 축복을 마구마구 내려주기를!

잠자는 숲속의 마녀

아침에 일어나 보니 붉은 꽃이 피어있다. 무려 여덟 송이나 된다. 화려한 족적을 내 얼굴에 남기고 모기는 떠났다. 남편이 혀를 찬다. 아무리 귀찮아도 그렇지, 이렇게 물리면서도 그냥 자다니 어쩌고저쩌고. 아침부터 잔소리가 늘어진다. 그래 맞다. 나는 게으른 미련 곰탱이다. 그래서 당신과 여태껏 사는 거야. 속에서 터져 나오려는 말을 기분 좋은 내가 참는다. 군데군데 꽃이 핀 얼굴이 나는 좋기만 하다. 청춘의 상징인 여드름 같아 젊고 활기차 보인다. 나를 택해 예쁘게 물어준 모기가 고맙다. 나처럼 비실비실 힘없는 모기가 물었는지 가렵지도 않으니 더 고맙다.

그 친구는 참 치열하게 살았다. 학교 다닐 때 학비까지 벌어가며 열심히 공부했다. 뭉쳐 다녔던 오인방 친구들 중 그만이 졸업

후 직장생활을 했고 시집도 일등으로 갔다. 아이도 먼저 키워 일찍 결혼시켰고 제일 빨리 할머니가 되었다. 우리가 보기엔 모든 숙제를 끝냈건만 여전히 바쁘게 살고 있다. 1층 베란다에 딸린 화단을 예쁘게 가꿔 지나는 사람들을 감탄시키고 재봉질을 배워 아기자기 집안을 꾸미고 커튼까지 만들어 단다. 세상에 하나뿐인 옷을 만들어 손녀에게 입히고 인형도 직접 만들어 준다. 시간을 아껴 만든 간단한 소품을 친구들에게 선물도 한다. 그는 자는 시간이 아깝다고 했다. 그의 모자라는 잠을 대신 자주는 것으로 나는 의리를 지킨다. 그 바람에 나는 가족들에게 잠자는 숲속의 마녀라 불린다.

그런 그가 물리치료를 받고 있다며 카톡 방문을 두드렸다. 장본 무거운 짐을 메고 걸어 다녔더니 골반이 비틀어지고 족저 근막염이 생겼단다. 위내시경 검사를 받고 왔다는 다른 친구가 또 들어왔다. 오인방 카톡 방에는 아픈 얘기가 줄줄이 이어졌다. 모두 부지런히 살았으니 아플 때도 되었다. 여기도 아프다, 저기도 아프다. 경쟁이라도 하듯 이어지던 이야기는 이제 좀 게으르게 살자로 끝을 맺었다.

목욕탕에 갔다. 옆자리에 노인 셋이 앉아있다. 그들은 얼마나 부지런하게 살고 있는지 자랑하기 바쁘다. 노인들의 병 자랑 약 자랑보다 훨씬 듣기 좋아 웃었다. 탕 안의 열기로 달아오른 내가 젊어 보였는지 부럽게 바라보던 그들은 늙으면 부지런함이 보약이고 젊을 때는 게으른 게 보약이라며 아등바등 살지 말라는 명언을 남기고 일어섰다. 나는 약해 보이지만 아픈 데는 없다. 내가 건강한 것은 젊어서 게으름이란 보약을 실컷 먹어서인지도 모른다. 부지런에 잡혔던 주눅을 풀고 게으름에 대해 좀 떳떳해져 볼까.

며느리가 시집오고 첫 명절이었다. 부엌일을 거들려는 며느리에게 형님들은 새색시는 그냥 앉아 있으라고 말렸다. 먹을 때는 며느리 손이 가는 반찬을 그 앞으로 밀어주며 많이 먹으라고 했다. 형님들 배려가 고맙고 이제 막 새 식구가 되어 적응하려는 모습은 애처로웠다. 사방천지가 온통 낯설 텐데 얼마나 불편할까. 그 모습을 보니 수줍고 주변 없고 시근도 없던 30여 년 전 내 모습이 떠올랐다. 앉아 있으라고 해서 앉아 있었는데 버릇없는 요즘 것들이 되었고, 많이 먹으라고 해서 꾸역꾸역 먹어 배탈도 났었다. 시어머니가 먹어 치우라고 밀어주는 잔반에 빈정이 상해 돌아서서 눈물을 삼킨 적도 있었다.

시대가 변했다. 그래도 시집은 시집인데 많이 먹으란다고 많이 먹고 앉아 있으란다고 앉아있는 며느리가 걱정되었다. 저러다 배탈이나 나지 않을까, 뒷말이나 하지 않을까. 나는 며느리를 보호하려는 전투력이 생겼다. 아무도 모르게 이래라저래라 코치하니 눈치 빠른 며느리가 잘 알아들었다. 시근 없던 시어머니와 영리한 새 며느리의 007작전은 성공했다. 내가 잘난척 할 수 있어서 재미가 쏠쏠했다. 입 댈 곳 없는 잘 난 며느리보다 훨씬 좋았다.

명절이 끝났다. 며느리는 감사 인사 끝에 어머니 잘 할게요. 잘 하겠습니다, 다짐까지 했다. 며느리의 여린 심성에 코끝이 찡했다.

"아가, 애쓰지 마라. 애쓰다 보면 곧 지치고 싫어진다. 편하게 하자."

나도 여린 시어머니가 되어 말했다.

둘째 며느리는 씩씩하고 발랄하다. 나는 화통한 시어머니로 변신한다. 남처럼, 그러나 사이좋은 이웃처럼 살자. 네 좋아요 어머니. 내 며느리들, 예쁘기 그지없다. 하지만 나는 뭐라도 하나 주지 못해 안달하는 마음을 붙들어 맨다. 서로에게 지치지 않고 오래도록 사랑하기 위해 며느리들에게 최선을 다해 최선을 다하지 않으려 노력한다.

최선은 가장 좋은 것이라는 말이다. 고통을 감내하며 온 힘을 몽땅 쏟아 붓는 게 최선일까. 행복을 위해 다하는 최선에 행복을 뺏기기도 하더라. 그래서 나는 모든 일에 최선을 다하지 않았다. 아이들에게도 그랬다. 자식 사랑인지 자기 사랑인지 도대체 분별이 어려운 사랑을 보며 최선을 다하는 것은 어쩌면 독이 될 수도 있겠다 싶었다. 아이들을 위해 하는 최선에 가장 피해 보는 건 아이들이다. 힘들게 희생한 어머니에 대한 무거운 부채감은 사랑과는 또 다른 감정일 것이다.

나는 아이들에게 희생을 빚으로 남겨주기 싫었다. 즐겁고 행복한 엄마 모습만 새기고 싶다. 내 능력이 되는 만큼만 키우겠다고 마음먹었다. 그래서 아이들을 느슨하게 사랑했다.

잘하려고 너무 애쓰는 사람이 나는 불편하다. 혼신의 힘을 다해 열창하는 가수보다 힘 빼고 덤덤하게 노래 부르는 가수가 좋다. 연기를 잘하는 배우보다 연기한다는 느낌마저 없는 배우가 좋다. 애쓰는 모습 말고 자기들의 놀이터인 양 무대를 즐기는 백댄서의 모습이 좋다.

언제였던가. 버스 사고로 많은 사람이 목숨을 잃었고 보상금 문제로 매스컴이 떠들썩했다. 출퇴근할 때 대중교통을 이용하다 사고를 당하면 보상금을 제일 많이 받는다고, 이왕 죽을 목숨 남은 식구들에게 도움이 되고 싶다고 한창 경제적 어려움을 겪고 있는 친구가 이야기를 꺼냈다. 죽음에 관한 긴 토론은 건강하게 재미있게 살다가 죽는다, 로 마무리됐지만…….

나는 아니다. 열심히 치열하게 살아본 적이 없는 나는 과로사를 꿈꾼다. 지금껏 게으르게 살았으니 한 번은 최선을 다해봐야지 않겠는가. 타다 남은 장작이 아닌 완전히 연소한 재가 되겠다, 내 인생의 막바지는 저녁노을처럼 찬란하고 싶다고 생각은 거창하게 한다. 그런데 말이다. 치열하고 열심히 사는 일을 나는 상상 속에서만 한다. 세상의 고독과 고민은 혼자 다 가진 듯 인상을 구기고 줄담배를 피워대고 진한 커피를 마셔대며 밤새워 글을 쓰고 그러다 코피를 쏟는, 영화나 드라마에서 본 작가들에게 내 모습을 덧입힌다. 행복한 나의 상상은 이제 곧 현실이 될 것이다. 기대하시라.

아직도 내 피는 뜨겁다. 내 뺨의 붉은 반점이 그 증거가 아니겠는가. 나이의 앞자리 숫자가 바뀌려는 지금도 내 안에는 열정이 가득하다. 그 뜨거움의 증표인 모기 자국이 자랑스럽다.

……오늘도 나는 잠자는 숲속의 마녀다.

아무것도 끝나지 않았다

힘이 쭉 빠진다. 용기 내어 도전한 공모전에 줄줄이 떨어졌다. 턱없는 실력인 줄은 알지만 마음 한 편으론 요행을 바랐다. 목젖이 보이도록 크게 우는 이모티콘을 친구에게 보내며 엄살을 떨었다. 상은 운칠기삼이라고 친구가 위로해주었다. 열 개의 실력을 쌓아야 운 하나가 올 둥 말 둥하건만 이제 겨우 발걸음을 뗀 주제에 염치도 없다. 아니, 그걸 아는 사람이 징징거리고 있단 말인가.

지난해 편의점에서 일하며 소설을 쓴 일본 작가가 일본 최고 권위의 문학상을 받았다. 대학 다닐 때부터 편의점 일을 하면서 글을 썼단다. 그렇게 글을 쓰면 잘 쓰게 되려나. 나도 편의점에서 일 한 번 해볼까.

"엄마, 진상 손님이 한 둘이겠나. 엄마가 그 사람들을 대응할 수 있겠나."

아들 녀석은 검지를 흔들며 고개를 저었다. 내가 생각해도 참 어이없다. 나는 그 작가가 편의점에서 일하는 것보다 19년째 글을 썼다는 사실에 주목해야 했다.

지난 추석, 온 가족이 모였다. 이런저런 이야기 끝에 경주 아주버님이 어릴 적 갯벌에서 새조개 캐던 이야기를 꺼냈다. 아주버님은 나는 몇 마리 잡지도 못했는데 누나는 조개를 금세 한 바구니나 채웠더라, 며 조개 잡던 손놀림을 지금 눈앞에서 보는 듯이 중계했다. 옆에 있던 형님이 당신은 잡지도 못하면서 말로는 조개잡이 선수 같네요, 하고 핀잔을 주었다. 조개 잡는 데 열중했으면 저토록 실감나게 이야기해 줄 수 없지요. 내가 아주버님 역성을 들었다. 자네는 시숙들에게 너무 후해, 하며 나에게까지 핀잔을 주어 웃음보가 터졌다.

역성을 들자고 한 소리는 아니었다. 살아온 이야기를 책으로 엮으면 열 권도 넘을 거라는 사람은 얼마나 많은지. 그렇게 말하는 사람치고 책 한 권 쓰는 사람은 드물더라. 사는 일에 바빠서 글 쓸 시간이 있겠나. 글은 옆에서 보고 듣는 구경꾼이 쓰는 거라고 나는 생각한다.

나는 그저 보통 사람이다. 파란만장한 사연도 슬픈 인생사도 없다. 이렇다 보니 세상에 대해 할 말이 없다. 나의 세계, 나만의 관점이 없다. 문제가 없다. 지독한 고통이, 불행이 모자라는 게 문제라면 문제다. 하지만 내가 쓰려는 글은 스펙터클한 대작이 아니다. 별일이 일어나지 않을 것 같은 사람들의 사소한 일상을 구경하여 그들의 생각과 태도를 읽어내고 싶다. 나와 별다를 것 없는 내 이웃의 소소한 행복과 불행을 세밀하게 들여다보고 옮기고 싶다. 심각하거나 무겁지 않게, 활기차고 밝고 유쾌한 에너지가 퐁퐁 솟아나게 말이다.

내 어릴 적 별명은 씩씩바리였다. 잘 웃고 잘 울고 씩씩거리며 분통도 잘 터뜨려 집안 어른들이 붙여준 이름이다. 나는 세상일에 달관한 도인은 되고 싶지 않다. 그래서 격조 높은 글을 고집하지 않는다. 그렇다고 모든 걸 체념한 노인도 되기 싫다. 모든 감각에 감정에 민감하고 뜨겁게 반응하는 여전한 씩씩바리로 살려고 한다. 이 마음이 내가 가진 글쓰기 재산의 전부다.

이문열 소설가 초청 강연이 열리는 강구에 갔다. 강구, 여름밤의 소설. 제목부터가 낭만적이다. 소설가 엄태석 선생의 생가 마당에 멍석을 깔고 앉아 저녁을 먹었다. 강연을 듣고 밤 바닷가를 산책하며 여름밤의 낭만을 이어갔다. 숙소로 돌아와 이제 그만 자자, 자자하면서도 별스럽지도 않은 일에 숨이 넘어갈 듯 깔깔거리다 아침을 맞았다.

마당에 나가니 주최 측 사람들이 아침 식사를 준비하느라 분주했다. 모른척하기도 돕겠다고 끼어들기도 그랬다. 어쩔까. 망설이다가 우리 일행은 삽짝 거리로 나왔다. 마음이 불편했다. 그때 일행 중 한 사람이 내가 할 일은 노벨상 받을 일뿐이라며 편찮은 마음을 달랬다. 우와 이런 명언이! 이 말은 화살이 되어 내 마음에 꽂혔다. 그래 맞다. 내가 할 일도 노벨상 받을 일뿐이야.

나라고 노벨상 받지 말라는 법이 있나. 어쩌면 나는 여태껏 캐내지 못한 원석일지도 모른다. 불우한 환경에서 잘 자란 친구가 있었다. 그는 힘껏 뛰어도 원하는 결과를 얻지 못했을 때 스스로 한계를 지으며 자신을 위로했다. 그래도 그런 환경에서 이만하면 잘 자라지 않았느냐고. 왜 네가 어때서? 그렇게 선을 긋지 마라. 너는 얼마든지 더 잘 할 수 있어. 나는 그를 북돋웠다. 이 말은 지금 나에게 꼭 필요한 말이다. 하지만 어쩌랴. 내 재능은 불안하고 열정은 넘친다. 슬프다. 열정만 가득하고 노력은 부족하다. 더 슬프다.

지난달 김솜, 김애란 작가의 강연을 들었다. 나와는 다른 세상 사람인 줄 알았던 그들을 만나보니 그냥 평범한 사람이었다. 나도 해보겠다는 용기를 얻었다. 그들과 나란히 작가 반열에 올라있는 미래의 내 모습을 상상했다. 그러나 막상 유명한 작가가 되면 기쁘기보다는 감당할 수 없을 것 같다. 사람들에게 관심 받는 일은 거북하다. 내 행동이나 말이 도마 위에서 마구 찧기고 난도질당할지도 모른다는 생각을 하면 싫다. 나는 조용히 살고 싶다.

그래도 글은 잘 쓰고 싶다. 나는 대중 매체에 오르내리지 않고 글만 잘 쓰는 조용한 작가가 되겠다는 작정을 한다. 이런저런 상상을 하고 걱정하느라 정작 글은 언제 쓰려는지 나 원 참. 쓸데없는 걱정일랑 나중으로 미루고 일단 쓰기부터 하자. 공모전에 몇 번 떨어졌다고 좌절하고 있을 여유가 없다. 또 다른 공모가 내 글을 기다리고 있다. 노벨문학상도 나를 기다리고 있다.

뛰어난 재주도 문장력도 없으면서 지나치게 사치스러운 꿈을 꾼다고? 재능이 없다고 꿈조차 가난할까. 내 꿈이 사치라면 평생 사치하고 살면 된다. 빛나는 재능보다 성실함과 약간의 무모함이 때로는 더 큰 빛을 낼 수도 있다. 무모함은 이토록 넘치니 성실함만 갖추도록 하자. 쓰고 또 써서 어제의 글보다 오늘의 글이 나아진다면 어느 날 문득 다른 별에 있던 노벨상의 빛을 저 멀리서라도 보게 될지 모른다. 글은 재능으로 쓰는 게 아니고 재능이 생길 때까지 쓰는 거라고 소설가 김연수가 말했다.

다시 시도하고 다시 실패하자. 괜찮다. 아직은 아무것도 끝나지 않았다.

4부

정서연

봄까치꽃

소소한 일상

듬산 내 고향집

무지개

초록색 캐리어

연제이웃사랑회

참깨라면과 새우탕면

윤작 언니

학산의 길목

봄까치꽃

나를 알고 있니?

나는 봄소식을 알려주는 꽃이야.

길 가장자리를 살펴보렴. 풀꽃들이 꽃을 피우고 있을 거야. 풀잎을 자세히 보면 햇님을 향해 잎을 펼치고, 하늘을 우러러 보고 있는 것을 알 수 있어.

풀은 여린 것 같지만 그렇지 않아. 밟아도 일어서는 민중民衆의 삶을 어떤 시인이 풀로 표현한 것처럼, 시멘트 바닥에서도 생명의 끈을 놓지 않고 살기 위해 온 힘을 다 하고 있거든.

나는 풀꽃 중의 하나야. 큰개불알꽃으로 식물도감에 이름이 올라가 있지. 내 키는 10cm보다 크기도 하고 작기도 해. 그리고 양지바른 곳이면 어디서든 잘 자라지.

나는 유럽에서 귀화한 식물이야. 봄이 오면 조그맣고 파란 꽃을 피워. 다른 풀꽃보다 먼저 봄소식을 알려 주고 나도 꽃을 피우지. 사람들은 나를 봄까치꽃이라고 불러. 봄까치꽃, 참 예쁘지!

일본이 36년 동안 우리나라를 지배하면서 풀꽃들의 이름을 마음대로 바꿔 불렀어. 아마 그때 내 이름이 봄까치꽃에서 개불알꽃으로 바뀐 것 같아.

나를 양반불알같이 잘 생겼다고 높여주면서, 내 이름이 우리 민족의 뛰어난 해학성을 드러낸다고 말하는 학자도 있었어. 그럴 수도 있겠지. 하지만 내 생각은 달라. 일본의 식물학자 마키노 도미타로는 내 열매가 단지 개불알과 닮았다는 이유로 큰개불알꽃으로 등록을 했어.

일본사람에게 내가 창씨개명을 당한거야. 나와 같은 이유로 이름이 바뀐 친구들은 아주 많아. 일본학자 이름으로 학명이 등록된 우리나라 식물이 무려 327종이나 된다고 하네.

물론 바뀐 이름이 마음에 드는 친구도 있겠지만 속상한 친구가 더 많을 것 같아. 나도 처음에 속상했어. 하지만 이제 조금 괜찮아. 독특한 내 이름 덕분에 나를 기억하는 사람들이 많아졌어. 나태주 시인은 오래 보아야 사랑스럽고 자세히 보아야 예쁘다며 사랑 넘치는 표현으로 나를 표현해 주었어. 또 이해인 수녀님은 잊었던 네 이름을 찾아 내가 기뻤던 봄, 하고 내 이름을 불렀어.

정말 기뻐. 봄까치꽃이라는 진짜 내 이름을 곧 찾을 수 있을 거라는 생각이 들어. 나를 큰지금으로 부르는 사람도 있어. 한자로 지금地錦, 즉 땅 위의 비단이라는 뜻이야. 나와 친구들이 군락을 이룬 모습을 사람들이 보고 비단을 쫙 깔아 놓았다고 표현하면서 붙여진 이름이야.

다른 나라에서는 나를 별의 눈이라고 불러. 우리가 모여 있으면 별처럼 보인다고 붙인 이름이야. 영어 이름은 고양이의 눈 Cat's eye인데 반짝이는 보석을 떠올리는 사람도 있어. 하여튼 개불알꽃보다는 훨씬 잘 어울리는 이름 같지 않니.

아주 중요한 사실을 하나 알려줄게. 나의 학명은 성녀 베로니카 페르시카야. 지금으로부터 2000년 전의 일이야. 예수님이 무거운 십자가를 등에 지고 겟세마네 동산으로 걸어가고 있었어. 사형장을 향해 힘들게 걸어가는 예수님을 상상해봐. 예수님의 얼굴에는 땀이 흐르고 있었고 베로니카가 손수건으로 땀을 닦아 드렸지. 그 손수건에 예수님의 얼굴이 비치는 기적이 일어난 거야. 내 얼굴을 자세히 보렴. 예수님 얼굴이 비치는 것을 볼 수 있을 거야. 이것이 내가 베로니카로 불리게 된 이유야. 얼마나 고귀한 이름이니. 나도 성녀 베로니카처럼 은총의 삶을 살고 싶어. 그게 아니라고 말하는 사람들이 있어서 진짜 섭섭해. 꽃에 비치는 예수 그리스도의 얼굴을 보면서 어떻게 그런 소리를 할까. 내가 벌이나 등에를 불러들이기 위해 책략을 쓴다고 말하다니. 할 수 없지. 생각은 자유니까 마음대로 상상해도 어쩔 수 없어. 그래도 나를 좀 좋게 생각해 주면 좋겠어.

우리는 꿀벌하고 친하게 잘 지내. 삶의 모습은 다르지만 서로를 이해하며 살고 있어. 그렇지 않으면 우린 아주 힘들어. 큰개불알꽃은 벌에게 가루받이의 도움을 받아야 되고, 꿀벌은 큰개불알꽃에게서 꿀을 얻어야 되거든.

쉬운 일은 없는 것 같아. 어떤 친구들은 꽃을 피우고도, 꿀벌의 도움을 받지 못해 홀로 고독하게 죽어가는 친구도 있고 병이 들어 일찍 죽는 친구도 있어. 정말 힘이 들어. 가루받이에 성공을 하면 우리는 서서히 열매를 키워 가. 예수 그리스도의 얼굴이 보이는 기적의 꽃에서 사랑의 열매로 결실을 맺는 거야. 자세히 보면 알아. 내 열매가 하트 모양인 것을.

은총을 받은 것은 그만큼의 시련을 견디는 일이라고 생각해. 땅속에서 인내의 시간을 가지며 우리는 봄을 기다려. 작은 꽃들이 비단처럼 아름답게 변할 수 있는 것은 공동체의 힘밖에 없어. 그리움을 차곡차곡 쌓으며 봄까치꽃으로 피어 날 그날을 위해 오늘도 함께 모여 기도하고 있어.

앞으로 우리에게 조금만 더 관심을 가져주면 안될까.

소소한 일상

시간은 나이에 따라서 빠르기가 다르다고 한다. 그 말이 맞는지 나이를 더 먹을수록 하루가 한 주일이 또 한 달이 어떻게 가는지 모르게 금방 지나가 버린다.

시장에 가니 가을 채소가 풍성했다. 부드러운 열무가 눈에 띈다. 열무를 보니 엄마 생각이 난다. 아흔의 우리 엄마는 이제 지팡이를 하나도 아니고 두 개씩 짚고 다닌다. 아직 활처럼 굽은 허리로 농사일까지 하신다.

엄마 집 마당에는 온갖 채소들이 자란다. 봄에는 감자밭이 되었다가, 가을이면 열무와 배추밭으로 변한다. 밭 주변에서는 파, 부추, 가지, 고추, 오이, 호박들도 제각기 한 자리씩 차지하고 자란다. 자식들에게 나누어 주기 위해 굽은 허리로 엄마는 오늘도 부지런히 손을 움직이고 있을 것이다.

친정과 가까운 대구에 살았을 때는 그래도 가끔씩 시골에 가서 엄마를 뵙고 채소도 가져오곤 했는데, 부산으로 이사 오고 나서는 이제 어려운 일이 되었다.

열무 몇 단을 앞에 놓고 허리 굽은 할머니가 길가에 앉아 있다. 애잔한 할머니의 등 뒤로 파리 몇 마리가 날아다녔다.

"할머니 열무 얼마예요?"

"최하가 오천 원이여! 얼마나 부드러운지 몰라. 사서 물김치도 담고, 나물도 하고, 김치도 담아 먹으면 정말 맛있어."

겉모습과 달리 할머니의 목소리가 활기차고 정겹다.

"오천 원 어치만 주세요!"

새파란 열무를 보니 마치 고향에 다녀온 기분이다. 열무를 파는 할머니의 정겨운 목소리에 마음으로는 벌써 겉절이를 해서 맛있게 먹고 있는 듯 침이 고인다.

얼마 전, 아파트에 살다가 주택으로 이사를 했다. 일층인 우리 집은 벌레들이 참 많다. 싱크대 옆으로 개미들이 줄을 서서 행진을 한다. 아파트에 산다면 좀처럼 보기 드문 일이다. 줄을 서서 움직이는 개미들을 따라갔다. 오늘은 기필코 저들의 아지트를 알아내고 말 것이다. 나의 미행을 어느새 눈치 챘는지 개미들이 갑자기 흩어졌다. 영리한 놈들이다. 할 수 없다. 오늘은 바쁘니까, 내일 다시 미행하기로 하고 걸레질을 했다. 개미들을 물이쳐야 내가 쾌적하게 살 수 있는 현실이 조금 마음에 걸린다. 그래도 나는 용감하게 걸레질을 했다. 힘없는 개미 군단이 어디론가 사라지고 까만 점으로 남은 시체들이 군데군데 보인다.

개미를 죽이고도 나는 아무렇지 않다. 잔인하다. 갈수록 감정도 무디어진다. 그래도 그들이 안 보여 안심이 된다. 집안에서 개미와 공존할 수 없기에 나는 보이는 대로 없앨 수 밖에 없다. 오늘 나는 개미들에게 공포의 대상이고 그들의 원수가 되었다. 갑자기 백석의 '수라'라는 시가 생각나서 내 마음이 더 불편해진다.

거미새끼 하나 방바닥에 나린 것을 나는 아무 생각 없이 문밖으로 쓸어버린다.
차디찬 밤이다
언제인가 새끼거미 쓸려나간 곳에 큰 거미가 왔다
나는 가슴이 짜릿하다
나는 또 거미를 쓸어 문밖으로 버리며
찬 밖이라도 새끼 있는 데로 가라고 하며 서러워한다.
– 중략 –

시인은 죽이지 않고 버리기만 할 뿐인데 가족을 흩어지게한 자신을 후회하며 가슴 메이게 서러워한다. 나의 아무렇지 않음이, 시인 같은 감정을 가지지 못한 내가 참 작아 보인다. 개미떼를 죽이고도 아무렇지도 않는 내가 나는 더 서럽다.

열무김치를 담고, 개미에겐 몹쓸 짓을 하고, 전화 한 통화에 기뻐하는 소소한 나의 일상이다. 오늘의 나에게 작별인사를 한다. 다시는 오늘의 나를 볼 수 없지만 무덤덤히 보내준다. 수고로웠고 조금은 정신이 없었던 오늘, "열무야! 고맙다." 열무김치에게 인사한다. 개미에게도 미안하다고 어쩔 수 없노라고 중얼거린다.

날이 저물고 저녁놀이 붉게 타오른다.

나의 하루가 지나간다.

듬산, 내 고향집

생각만 해도 마음이 따뜻해진다. 된장, 간장, 고추장, 마늘장아찌가 맛있게 곰삭던 장독대와 그 옆으로 늙은 앵두나무가 햇볕에 졸고 있는 그곳에 내 고향집이 있다. 사방이 산으로 둘려 싸여 있는, 합천의 작은 마을 듬산에서 나는 태어나고 자랐다.

유현준의『어디서 살 것인가』를 읽었다. 책 표지에는 '우리가 살고 싶은 곳의 기준을 바꾸다' 라고 적혀 있다. 자동차를 선택할 때 외관 디자인이나 브랜드보다 더 중요하게 생각해야 하는 것이 그 자동차를 누구와 함께 타고 어디를 가느냐라고 한다. 우리가 사는 곳도 마찬가지다. 서로 대화를 나눌 수 있는 곳, 우리가 원하는 삶의 방향에 부합하는 도시여야 한다. 우리가 살 곳은 우리 스스로 만들어 가야한다. 내가 원하는 삶의 방향에 부합하는 곳은 어디일까?

우리가 걷고 싶은 거리는 풍경이 바뀌는 거리란다. 맑은 수채화처럼 계절마다 바뀌던 고향집의 풍경을 생각하니 나도 모르게 눈시울이 붉어진다.

내 고향 듬산에는 우리나라에서 제일 높다는 성기 다리가 있다. 다리는 나누어진 공간을 연결하는 건축 요소이고, 다리를 만드는 것은 이웃과의 소통을 하겠다는 의지의 표시다. 또 개울 곳곳에 징검다리는 또 얼마나 많은지. 일정하지 않은 간격으로 놓여 있는 크고 작은 돌들이 만들어낸, 때로는 비와 바람이 새로운 창조자의 역할을 하여 변화시켜 주기도 하는 징검다리가 특별한 건축의 형태라고 말할 수는 없다. 하지만 듬산의 징검다리는 시골의 인정처럼 따뜻하고 구수한 예스러운 풍경을 연출한다.

듬산에는 성城이 없다. 자연발생적으로 난, 사람에게 익숙한 크기와 길이로 나누어진 사람 중심의 길만이 곳곳으로 나 있다.

'성을 짓는 자는 망하고 길을 만드는 자는 흥할 것이다.'

돌궐제국을 부흥시킨 명장 톤유쿠크가 후손에게 남긴 유훈遺勳이 지금까지 몽골의 수도 울란바토르 근교에 비문으로 남아있다고 한다. '어디서 살 것인가'를 읽어보니 듬산이 정말 멋진 동네라는 생각이 든다. 성城과 벽이 없는 동네, 사람이 살기에 좋은 길이 있고 인정 많은 사람이 있는 듬산이 나는 좋다.

나는 고향 집을 한 번도 건축이라고 생각해보지 않았다. 아버지가 지은 우리 집은 그냥 소박한 공간이었다. 그곳에서 우리 육남매가 태어났고 자랐다.

어릴 때는 그곳이 얼마나 안전하고 포근한 곳인지 몰랐다. 우리는 모두 그 곳을 떠나고 싶어 했다. 자로 잰 듯 한 도시의 아파트에서 살기를 소원했다. 시골 흙집의 정감 같은 것은 하찮게 여겼다. 텔레비전에 나오는 화려한 집만을 좋은 집이라고 생각했고 그런 집에서 살기를 원했다.

지금 나는 그런 집에서 살고 있지만 그다지 행복하지 않다. 규격화된 도시의 집이 얼마나 삭막한 곳인지 이제 알았다. 내가 살고 싶은 집의 기준이 고향집으로 바뀌었고 그곳으로 향하는 내 마음을 어찌할 수가 없다.

옛집의 구석구석을 머릿속에 그려 본다. 고향집 작은 방에는 내가 언니에게 돈을 빌려준 흔적이 아직도 그대로 남아있다. 아직도 빛바랜 벽지 위에 백 원짜리 동전이 무늬처럼 그려져 있다. 언니는 원금의 열 배를 준다며 나에게 돈을 자주 빌려 갔다. 백 원을 빌려주면 나는 열 개의 백 원짜리 동전을 벽지에 그렸다. 열 배의 이익을 위한 돈놀이는 오랫동안 계속 되었지만 언니는 한 번도 돌려주지 않았다.

언니의 외상장부를 보듬고 있는 벽 앞에 섰다. 아득한 기억의 저편에서 나를 꼬드기는 언니의 목소리가 들리는 듯하나. 한참

동안 벽을 바라보고 서 있었다. 빛바랜 벽지 위에 희미한 그림자가 어렸다가 사라진다.

'건축은 우리의 모습을 비춘다.'

작가의 말이 귓전에 맴돈다.

무지개

어르신 성경 대학에서 봉사한 지 5년이 되어가고 있다. 창세기 말씀을 묵상하며 무지개라는 아름다운 단어가 나에게 들어와 씨를 뿌렸다. 오년간 많은 어르신을 만나면서 나는 날마다 성장한다. 했던 말을 오 분도 안 돼 잊어버리곤 하지만 언제나 말 속에는 그분들의 삶이 녹아 있다.

얼마 전 성당에서 밀양 명례성지로 성지순례를 다녀왔다. 그곳에서 이제민 신부님을 만났다. 소외된 사람들에게 빛이 되어 주는 녹는 소금 운동을 하는 신부님을 뵈니 무지개 생각이 났다.

세상의 평화를 위해, 가난하고 힘없는 이웃, 외국인 노동자 특히 불법 체류자들, 성폭력을 당한 여성들을 위해 살아갈 것이라고 말씀하시는 그분의 모습이 마치 예수님처럼 다가왔다. 이제민 신부님의 말씀이 소금처럼 물에 녹아 내게 스며들었다. 산다는 것은 사랑하는 것이라는 주님의 말씀이 명례성지 곳곳에서 들려왔다. 사랑한다는 것은 내 자신을 직접 내어놓고 녹이는 일이리라.

"기꺼이 당신을 위하여 녹는 소금이 되겠습니다."

이제민 신부님의 말이 아직도 강물처럼 내 가슴에 흐르고 있는 느낌이다.

소금이 음식 속에 녹아 맛을 내듯, 누군가를 위해 나를 녹이는 일은 결코 쉽지 않다. 하지만 그렇게 살아가는 분들이 세상에는 참 많은 것 같다.

늘 느끼지만 봉사는 주는 것보다 받는 것이 훨씬 더 크다. 성경대학의 학생들을 보면서 노년이 주는 아름다움에 대해 자주 생각을 한다. 또 한글 공부 반의 학생들을 보면서 이분들이 제대로 공부를 하였다면 하는 안타까움과 칠십 년 가까이 글을 모르고 살았을 서러움도 보게 되었다.

"나는 아무것도 몰라요. 내가 얼마나 아픈지 지금도 아파서 견딜 수 없어요."

하면서 결석 한번 안 하는 엘리사벳 어머니, 삶을 즐긴다며 페이스 북은 물론이고 치매 예방으로 워드를 치시며 노래는 가수처럼 잘하시는 글라라 어머니, 아흔두 살의 나이에도 옷 가봉을 해서 교사들의 옷과 주변 사람들의 옷을 고쳐주고 만들어 주면서 몸소 나눔을 실천하는 안나 할머니도 계신다.

구름 사이 무지개의 모습을 매일 보면서 나는 살아가고 있다.

누군가를 생각하며 그 사람을 배려하고 사랑해주는 아름다운 사람들, 그들이 일상생활을 통해 실천하는 사랑이 나에게 와서 날마다 꽃을 피운다.

평생교육학과 3학년에 편입을 했다. 한글 공부반을 맡으면서 평생교육에 관심을 가지게 되었다. 나에게 주어진 이 소중한 시간을 이분들에게 작게나마 도움을 주고 싶어서 시작한 공부였다. 이웃을 위해, 사회를 위해, 세상을 위해 내가 할 수 있는 일은 거창한 것이 아니라도 좋았다. 비록 작더라도 그분들에게 도움이 될 수 있는 일이 공부라는 생각을 했다. 그분들의 삶 속에 나는 소금으로 녹아들고 싶었다.

주님은 우리에게 세상의 빛과 소금이 되라고 말씀하신다. 빛이 되고 소금이 되라는 것은 거창하고 대단한 일을 하라는 것도, 영웅이 되라는 말도 아닐 것이다. 자신이 있는 자리에서 주어진 일을 충실히 하는 것이야말로 세상의 빛과 소금이 되는 일이다.

구름 사이에 걸린 무지개는 희망이다. 나에게 준 또 다른 새로운 삶에 대한 메시지기도 하다. 인생은 50부터라는 말이 이제 70부터라는 말로 바뀌고 있다. 나는 70이 되려면 아직 20년을 더 살아야 하는 젊은 나이다. 50의 나이, 새로운 인생에 희망을 계획하기에 충분한 나이가 아니겠는가. 오늘 지구가 멸망하더라도 내일을 위해 한 그루의 사과나무를 심겠다고 말한 스피노자처럼 내 삶이 끝나는 순간까지 나에게 주어진 일에 최선을 다하는 빛과 소금이 되는 삶을 살고 싶다.

이웃집 할망구가
가방 들고 학교 간다고 놀린다
지는 이름도 못 쓰면서
나는 이름도 쓸 줄 알고
버스도 안 물어보고 탄다
이 기분 니는 모르제

–한글을 배우고 시인이 된 강달자 할머니가 쓴 시「내 기분」중에서–

초록색 캐리어

대구에서 부산까지 열차를 타고 다니는 일을 팔 년째 하고 있다. 오늘도 집을 나서서 동대구역에 도착했다. 휴가철이라 그런지 역에는 많은 사람들이 붐비고 있었다. 아이의 손을 잡은 부부의 모습도 보이고 몇 개의 가방을 끌고 가는 여행객의 모습도 보인다.

동대구역은 며칠 사이에 또 달라져 있다. 하루가 다르게 세상이 변한다고 하지만 이곳만큼 변화무쌍한 곳도 드물 것 같다. 가게가 잘 들어서기도 잘 없어지기도 한다. 내가 자주 가던 커피집이 보이질 않는다. 향기로운 원두커피와 소박한 커피 아주머니의 웃음이 있던 곳이었다. 그런데 그 커피 집은 마치 처음부터 없었던 것처럼 식당이 떡하니 자리 잡고 있었다. 1,500원의 저렴하고 향기로운 원두 커피 집은 어디로 갔을까. 혹시나 가까운 곳에 옮겨 갔나 싶어 옆 가게에 가서 물어보니 아예 없어졌다고 했다. 정다운 웃음으로 맞이하던 그를 이제는 볼 수 없다고 생각하니 섭섭한 마음이 들었다. 다급하게 살아가는 현대인들의 바쁜 삶을 보여주는 동대구역이 오늘따라 더 삭막하게 느껴졌다.

한 무리의 여행객들이 삼삼오오 짝을 이루며 왁자지껄 지나간다. 일렬횡대로 캐리어를 끌고 지나가는 그들의 모습에 기가 죽어 옆으로 비켜섰다. 그들이 내는 수다 소리에 동대구역 대합실도 술렁거렸다. 어디선가 유쾌한 웃음소리가 들렸다. 즐거운 분위기에 나도 모르게 휩싸인다. 바쁜 일상을 잠시 잊어도 좋을 듯했다. 그러다 문득 고개를 돌려 옆을 보았다.

초록색 캐리어다! 나는 한참 동안 눈을 떼지 못하고 덩그러니 혼자 놓여있는 그 캐리어를 바라보았다. 바퀴가 두 개, 초록색 몸통에 검은색 손잡이. 내가 잃어버린 캐리어의 모습과 너무나 똑같지 않은가. 내 것보다 더 짙은 초록색이지만 자꾸 내 캐리어라고 주장하고 싶은 마음이 강하게 들었다. 다시 자세히 캐리어를 살펴보았다. 비슷하긴 하지만 분명 내 캐리어는 아니었다.

몇 년 전이다. 그날도 부산으로 가는 길이었다. 나는 초록색 캐리어에 수업할 교재와 부산에서 이틀을 지낼 소지품, 남편에게 선물할 옷 한 벌을 넣어서 부산행 KTX를 탔다. 항상 캐리어를 가지고 다녔기에 가방에 자물쇠로 채우는 일을 언제부터인가 귀찮아서 하지 않았다. 누가 이렇게 낡은 가방에 손을 댈까 하는 마음에 더 그랬는지도 모르겠다. 그날따라 KTX는 좌석이 없었다. 무궁화 열차를 타면 수업시간에 늦을 것 같아 할 수 없이 KTX 입석을 예매해 열차에 올랐다. 경주역에서 많은 사람이 내리고 난 뒤 빈자리가 제법 있었다. 나는 눈치를 보며 얼른 빈자리 하나를 차지했다. 곧 울산역에 도착할 것이다. 울산역을 거쳐 종착역인 부산에 도착할 때까지 자리 임자가 없기를 바라면서 창가 쪽에 자리를 잡았다. 이런저런 생각을 하다가 나도 모르게 잠이 들었다.

어수선한 소리에 눈을 떴다. 열차가 어느새 부산역에 도착해 있었다. 사람들이 열차에서 내리는 모습이 보였다. 거의 반 이상이 열차에서 내린 듯했다. 나도 서둘러 7호 칸과 8호 칸 통로에 놓아둔 캐리어를 가지러 갔다. 그런데 이게 웬일인가! 캐리어가 감쪽같이 사라졌다. 내가 잘못 두었나 싶어서 이곳저곳 다니며 찾아보았다. 8호 칸과 9호 칸 통로에도 가보았다. 아예 초록색 캐리어는 흔적도 발견할 수 없었다.

캐리어는 보이지 않았다. 기가 막혔다. 세상에 이런 일이 나에게 일어나다니. 통로에는 아직 주인이 찾아가지 않은 쌤소나이트 캐리어가 있었다. 흰색과 검은색이 조화로운, 한 눈에 봐도 고급스러워 보이는 또 다른 캐리어의 모습도 보였다. 어째서 저런 고급스러운 가방을 두고 낡은 내 가방을 끌고 갔단 말인가? '아! 오늘 수업 어떡하지. 가방 안에 모든 수업교재가 다 들어있는

데……' 온갖 생각이 복잡하게 스쳐 지나갔다. 그 순간 수업료로 받은 돈 이십만 원이 생각났다. 아차, 내가 캐리어에 돈을 넣어 두었구나. 도둑이 돈 냄새를 맡는다더니 정말인 모양이었다.

역무원이 다가왔다. 혹시 통로에 있던 초록색 캐리어를 보지 못했냐고 다급하게 물었다. 열차에는 캐리어가 보이지 않는 것 같다며 누군가 분실물 센터에 가져다 놓았을 수도 있다며 가보라고 했다. 그곳에 초록 캐리어를 끌어다 놓았기를 간절히 바라며 역무원이 설명해 준 부산역 분실물 센터로 찾아갔다. 혹시나 하고 희망을 걸었으나 캐리어는 그곳에도 없었다.

수업시간이 임박했다. 분실물 센터 직원에게 가방을 찾으면 연락해 달라며 연락처를 남기고 그곳을 나왔다. 시간이 늦어 택시를 탔다. 수업 장소로 이동하는 동안 온통 초록색 캐리어 생각뿐이었다. 통로에 있었던 사람을 떠올려 보았다. 얼굴은 전혀 생각이 나지 않았다. 얼굴 없는 형상만이 영상으로 그려졌다. 머릿속은 하얀 백지다.

정신없이 한 시간 수업을 마친 후 남편에게 바로 전화를 걸었다. 상황설명을 들은 남편은 한걸음에 달려왔다. 그러면서 CCTV를 확인하면 금방 찾을 수 있을 거라며 걱정하지 말라고 했다. 그래 CCTV, 어쩌면 CCTV가 캐리어 도둑을 잡을 수도 있을 거라는 생각이 들어 조금은 안심이 되었다. 하지만 울산역과 부산역에 있는 CCTV를 모두 확인했지만 찾지 못했다. 몇 번이나 확인했지만 초록색 캐리어는 흔적조차 보이지 않았다. 찾을지도 모른다는 희망은 더 큰 실망으로 다가왔다. 가방을 챙기지 않은 나의 불찰보다 CCTV를 출구마다 설치하지 않았다고 말하는 부산역의 행정에 더 화가 났다. 괜히 부산역 직원에게 원망의 화살을 돌렸다. 부산역에서 가방을 찾기를 포기하고 돌아오는 길이었다.

"가방에 도대체 뭐가 들었는데 자세히 말해봐라. 가방에 몇 백만 원 넣어 두었나."

현금 이십만 원과 화장품, 당신에게 주려고 산 옷을 캐리어에 넣어 두었다며 한숨을 내쉬었다. 남편이 아무 말 없이 화장품 가게 앞에 차를 세웠다. 가게 안으로 들어간 남편은 잃어버린 화장품보다 더 많은 화장품을 사왔다. 그리고 지갑에서 이십만 원을 꺼내 내게 주며 말했다.

"당신이 잃어버린 것은 이제 없다. 나에게 줄 선물(옷 한 벌)은 내가 잘 받았다. 모든 것은 생각하기 나름이다. 가방 안에 더 소중한 물건이 들었으면 어쩔 뻔했냐. 이백만 원이 아니고 이십 만원이라 또 얼마나 다행이고."

남편이 나를 위로했다. 경상도 특유의 무뚝뚝한 말투지만 그 어떤 말보다 감동을 주었다. 눈물이 핑 돌았다. 가방을 잃어버린 자책과 함께 괜한 사람을 비난하고 원망했던 비뚤어진 마음이 일순간에 풀어졌다. 젖은 눈으로 남편을 보았다. 아! 그래 내 아이들의 아버지가 원래 이런 사람이었지. 그런 사람이 남편이었는데 잠시 내가 잊고 있었다. 늘 든든하게 내 옆에서 나를 지켜주고 있었는데 말이다.

남편의 사업 실패로 우리는 대구로 이사를 해야 했다. 이사를 하고 얼마 후에 빚쟁이가 남편을 찾아 대구까지 왔다. 몇 번이나 찾아오는 이상한 남자들을 보며 깜짝깜짝 놀라야 했던 지난 일들이 파노라마처럼 지나간다.

그 후 남편은 부산에서 일을 시작했다. 낮에는 꽃집에서 일했고, 저녁이면 대리운전을 했다. 몸도 마음도 다 힘든 시간이었다. 그런 힘든 상황 속에서도 남편은 늘 긍정적이었다. 오히려 다행이라며 나를 위로해 주던 그 사랑의 깊이를 가늠해보았다. 역시 사랑은 힘이 세다.

사랑하는 이를 위해 마음을 다했던 가난한 한 때, 서로에게 힘내자고 위로해 주며 오로지 사랑으로 살았던 날들…… 누가 나에게 제일 행복했던 때가 언제였느냐고 묻는다면 나는 주저하지 않고 대답할 것이다. 초록색 캐리어를 잃어버렸던 바로 그 날이었다고.

연제이웃사랑회

발걸음이 가볍다. 체조로 몸을 풀고 경사진 산길을 오른다. 산이 가까운 새 아파트로 이사를 오면서 아침운동을 시작했다. 이른 아침, 이슬 젖은 풀잎에서 묻어나는 향기를 맡고 있으면 머리가 맑아진다.

작은 것에서 느끼는 만족감. 행복의 사전적 의미 역시 마음이 만족한 상태다. 일상의 행복은 그리 먼 곳에 있는 것이 아니었다. 아등바등 사느라 정신없던 지난날, 월세 방에 살 때는 내 집만 있으면 행복하리라 생각했다. 그 후 사업이 잘되어 집을 사고 차도 샀지만 잠깐의 즐거움에 불과했다. 더 잘사는 사람들을 보면 상대적 빈곤감이 더 크게 다가왔다. 그럴 때마다 주택복권을 사놓고 더 큰 부자가 되는 상상을 했다.

돌이켜보니 웃음이 난다. 내가 가진 것에 만족할 줄 아는 사람이 진정한 부자라는 걸 깨닫는다. 그동안 왜 몰랐을까. 행복의 파랑새는 멀리 있는 것이 아니라 바로 내 마음에 있는데 말이다.

연제이웃사랑회 사무국장을 맡았다. 10시에 출근하고 4시에 퇴근하고 사무실에서 장부 정리만 조금 하면 된다고 지인에게 들었다. 하지만 막상 일을 시작하고 보니 그렇지 않았다. 업무가 너무 많아 휴일에도 출근해야 일을 처리할 수 있었다. 또 이웃돕기에 대해 이해 안 되는 부분도 많았다. 정기지원자 중에 이삼일만 지원이 늦어도 심한 욕설을 하는 대상자를 보면서 실망감 또한 컸다. 도움을 받는 것을 너무 당연하게 여겼다. 이웃돕기라는 좋은 뜻과 현실 상황의 괴리감이 점점 크게 느껴졌다.

쌓여있는 일을 처리하느라 시간이 지나가는 것도 몰랐다. 남편 생일도 잊어버리고, 원고청탁을 받아도 글을 쓸 시간이 없었다. 책을 보며 여유를 즐기던 시절이 언제인지 모를 지경이 되었다. 어느 순간 자꾸 불평불만을 하며 짜증을 내는 나를 발견했다. 삶의 긍정이 서서히 무너지고 있음을 느꼈다.

이제 정말로 그만둬야겠다는 생각을 하며 이사장을 찾아갔다. 언제쯤 말할까. 기회를 엿보고 있을 때였다.

"국장, 많이 힘들지요. 조금만 참고 일을 해 보세요. 시간이 지나면 분명 보람을 느낄 겁니다. 나도 이사장을 그만두고 싶을 때가 많았습니다. 하지만 이웃을 도우며 살다 보니 나도 모르고 보람을 깊게 느꼈습니다. 정기지원을 받던 독거노인 한 분이 돌아가시기 전에 연제이웃사랑회가 은인이라며 정말 감사하다며 눈물을 흘리셨습니다. 어찌 이것뿐이겠습니까? 국장! 우리 더 많이 나누면서 연제이웃사랑회를 잘 이끌어 나가 봅시다."

이사장은 힘들게 살다가 돌아가신 어르신들이 자꾸 생각난다고 하셨다. 눈물을 흘리는 이사장 앞에서 나는 할 말을 잊었다.

영화『아름다운 세상을 위하여』가 생각났다.

'세상을 바꿀 아이디어를 생각하고 그것을 실천하라' 새로 부임해 온 사회 선생님이 내주신 숙제였다. 주인공 트래버의 아이디어는 어려움에 처해 있는 세 사람에게 도움주기였다. 나부터 시작해서 세 명의 힘들고 어려운 이웃을 돕는 일이었다. 그리고 도움을 받은 사람은 또 다른 세 명을 도와주어야 한다. 단 도움을 주고 대가는 바라면 안 된다.

"사람들을 잘 살펴봐야만 돼요.
사람들을 잘 지켜보고 보살펴야 돼요.
스스로는 못하니까요
자전거를 고치는 것보다
훨씬 중요한 일이죠.
사람을 고치는 일이에요."

사람들을 잘 살펴봐야 한다는 트래버의 말이 귓가에 맴돈다. 그 속에는 많은 뜻이 담겨있다. 사회 숙제로 시작된 트래버의 도움 주기는 많은 사람들을 아름답게 성숙시키며 세상을 변하게 했다.

그동안 조금 힘들다고 불평하며 편한 것만 찾으려 한 내가 부끄러웠다. 이제는 행복한 마음으로 즐겁게 일해야겠다. 스스로 만족하며 일상의 사소한 일일지라도 성심껏 처리하기로 했다. 긍정적인 마음으로 모든 일에 감사하며 행복하다고 말하기로 했다.

변화는 서서히 나를 바꿔나갔다. 도움을 받는 것이 당연하다고 여기며 큰소리치는 대상자를 보아도 이제는 웃을 수 있는 여유가 생겼다. 사랑의 마음을 갖고 그들에게 밝은 소리로 내가 먼저 인사했다.

사랑은 거창한 곳에서 시작 되는 것이 아니었다. 연제이웃사랑회의 임원들과 회원들이 어려운 이웃에 보내는 사랑에 나도 작은 마음하나를 더한다.

진정한 나눔은 물질적인 것만은 아닌 것 같다. 그 속에 들어 있는 연민과 사랑의 마음이 얼마나 중요한 것인지를 알았다.

어려운 이웃에게 나누어 줄 쌀포대에 '나누는 기쁨 함께하는 행복 연제이웃사랑회' 스티커를 붙인다.

나누는 삶이 나에게 주어진 것이 감사하다.

참깨라면과 새우탕면

가끔 일상에서 잠시라도 벗어나고 싶을 때가 있다. 요즘의 내가 그렇다. 나는 사람을 많이 만나는 일을 한다. 예전에는 감기가 걸려도 답답해서 마스크를 잘 쓰지 않았는데, 이제는 코로나라는 특별한 바이러스 때문에 마스크를 쓰지 않으면 업무를 볼 수가 없다. 마스크로 입과 코를 가리고 하루를 견디려면 몸과 마음이 힘들고 답답하다.

얼마 전 여성수필문인협회의 월례회가 있었다. 코로나로 인해 오랫동안 갖지 못했던 모임이다. 아직도 바깥에서 만나기에는 신경이 쓰여 해운대에 있는 지인의 콘도를 빌렸다. 빌린 콘도는 모임 다음날 오전까지 쓸 수 있었다. 하룻밤 아무 생각 없이 그곳에서 쉬고 오는 것은 어떨까 싶었다. 숨 막히는 현실에서 잠시 벗어나고 싶었다. 그 순간 마음이 잘 맞는 윤작 언니가 떠올랐다. 같은 회원인 언니는 나에게 마냥 좋은 사람이다. 같이 있으면 그냥 편하다. 언니에게 바로 전화를 걸었다.

"언니야, 이번 월례회 마치고 둘이서만 콘도에서 하룻밤 자고 오자!"

"알겠다."

일 초의 망설임도 없는 대답이 돌아왔다. 언니는 내 말에는 자세한 내용을 묻지도 따지지도 않고 무조건 오케이다.

모임을 마치고 언니와 둘만 남았다. 편의점에 들러 컵라면 두 개를 샀다. 언니는 참깨라면, 나는 새우탕면이다. 우리는 식성도 이미지도 다르다. 나는 작은 일에도 신경을 많이 쓰는 편이지만 언니는 복잡한 일도 몇 마디 말을 툭툭 던져 간단히 정리해 버린다. 언니를 보면 '시크'라는 단어가 생각난다. 언니는 시크하면서도 따뜻하다.

요즘 젊은이들은 '시크하다'는 말을 많이 쓰는 것 같다. '시크하다'는 조금 냉정하고 절제된 언어를 쓰는 사람, 용모가 세련된 도시적 이미지를 가진 사람들의 행동이나 생각을 표현하는 단어다. 언니와 같이 있으면 어떤 것에도 신경 쓰지 않아도 되고 무슨 일이든 할 수 있을 것 같은 자신감이 생긴다. 언니는 사람을 편하게 만드는 묘한 능력을 가졌다.

모임의 회원들은 평소 우리를 보고 거꾸리와 장다리 같다고 말한다. 내가 준비해간 초록 커플티를 입고 둘이 나란히 서니 더 그런 것 같았다. 언니는 키가 큰 가수 서수남이고, 나는 키가 작은 하청일을 닮았다.

언니는 평소 사람들 앞에서 세상의 모든 옷이 자기에게 어울린다고 너스레를 뜬다. 언니가 하는 농담을 듣다 보면 그 말이 진실처럼 느껴질 때가 있다. 이제 언니는 정말 입는 옷마다 아주 잘 어울리는 여자가 되어 버렸다.

모임 후 남아 있던 막걸리를 나누어 마시고 온갖 말장난을 하며 컵라면도 먹었다. 기분 좋은 취기가 오르니 온몸이 나른했다. 언니도 그런지 자야겠다며 일어서는데 엉거주춤 어설프다. 언니는 작년 문학기행 때 사고로 좀 많이 다쳤다. 아직도 바닥에 앉았다가 일어서는 게 자유롭지 못하다.

우리는 언제나 함께였는데 그날은 마침 중요한 일이 있어 나는 문학기행을 가지 못했다. 언니 혼자 보낸 게 마음에 내내 걸렸다. 아니나 다를까. 오후가 되어 언니가 넘어져서 응급실에 실려 갔다는 연락을 받았다.

언니는 고관절에 금이 가서 수술을 받았다. 지금 언니는 뼈를 고정하기 위한 철핀을 몸속에 지니고 있다. 그런데 언니는 자기가 수술 받은 걸 자꾸 깜박깜박 잊는다. 저러다 또 넘어질까 봐 신경이 쓰였다.

자리에 누운 언니에게 조심스럽게 물었다.

"인니, 괜찮나?"

"이게 모두 정서연 때문이다. 정서연이가 같이 안 가서 다쳤다 아니가!"

획 돌아누우며 짐짓 화를 내는 척하는 언니의 장난기에 안심이 되었다.

"언니가 혼자 놀러가니까 다쳤지."

나도 지지 않고 너스레로 대응했다. 정말 그날 우리가 함께 갔더라면 다치지 않았을까. 지나가는 말처럼 주고받는 우리의 말에 그날의 아쉬움이 고스란히 담겨 있었다.

언니 옆에 누웠다. 드라마 이야기에서부터 온갖 잡다한 이야기가 화제로 등장했다. 내일 아침 해돋이는 꼭 보자고 약속했고, 우리의 2인 수필집 출간에 대한 이야기도 진지하게 나누었다.

"언니야, 수필집이 대박 나서 인터뷰 하러 오면 뭐라고 말할래?"

"정서연이가 다 말해라. 나는 한마디도 안 할끼다."

툭툭 던지는 언니 특유의 말투다.

우리와 닮았다는 서수남과 하청일은 '동물농장' 노래를 유쾌하게 불러서 성공했다. 그들처럼 우리의 2인 수필집이 성공했으면 좋겠다.

우리는 기분 좋은 잠속으로 빠져들었다.

윤작 언니

아침에 눈을 뜨니 여섯 시다. 해맞이를 하고 싶었는데 늦잠으로 해돋이 시간을 놓쳤다. 아쉬운 마음을 접고 윤작 언니와 나는 느긋하게 해운대 바닷가를 걷기로 했다.

동백섬으로 향했다. 바다 쪽으로 이어진 길을 따라 누리마루 앞에 섰다. 누리마루는 순 우리말이다. 세상꼭대기라는 표현보다 누리마루가 훨씬 정감 있게 느껴진다. 정자를 현대식으로 표현하고, 석굴암 천장을 모티브로 설계했다고 한다. 이곳에서 파도소리 들으며 회의를 한다면 마음의 문도 활짝 열릴 것 같다.

동백섬 정상으로 올라가는 계단 앞에 섰다. 순간 언니의 눈에 걱정이 살짝 비쳤다. 언니는 작년에 다쳤는데 아직까지도 걸음이 자유롭지 못하다. 우리는 천천히 계단을 오르기로 했다. 힘든 길은 아니었지만 조심하며 계단 한 칸씩을 디뎌 올라갔다.

사람들이 지나갔다. 모두 마스크를 쓰고 있다. 코로나19는 우리 생활에서 많은 것을 변하게 했다. 그 첫 번째가 마스크문화이다. 공공장소에서 마스크를 쓰지 않으면 예의 없는 사람이 된다. 사람들이 지나가고 난 후 잠시 마스크를 벗고 숨을 깊게 들이마셨다. 부드러운 바람이 온몸을 스쳐 지나가고 솔내음이 강하게 코끝을 자극했다. 답답했던 가슴이 맑은 공기로 씻겨 졌다.

동백섬 정상이다. 고운孤雲선생의 동상에 쏟아지는 아침 햇발이 눈부셨다. 동상 앞에서 중년의 남자가 무릎을 꿇고 중얼중얼 열심히 기도를 하고 있는 남자가 눈에 뜨였다. 전혀 예상하지 못했던 광경이었다. 절이나 교회에 가야 볼 수 있는 모습을 이곳 동상 앞에서 보게 될 줄 몰랐다.

'저 사람은 고운 선생에게 무엇을 빌고 있는 걸까. 자식을 시험에 합격시켜 달라는 기도일까. 가족의 건강을 위한 기도일까?'

외로운 삶을 살다가 훌쩍 떠나버린 최치원 선생의 명복을 비는 기도일지도 모르겠다는 생각을 했다. 궁금함이 생각의 가지를 치기 시작했다.

'나도 저 남자처럼 고운 선생에게 간절히 기도해 볼까? 선생처럼 멋진 시인이 되게 해달라고, 아니면 곧 출간될 2인 수필집이 대박 나게 해 달라고?'

문득 동상 양쪽에 늘어서 있는 비석이 내 눈에 들어왔다. 마치 병풍처럼 넓게 펼쳐져 있었다.

– 자는 고운孤雲 외로운 구름이요, 호는 해운海雲 바다의 구름이라 –

예사롭지 않은 고운 선생의 생애가 비문 속에 새겨져 있다. 구름처럼 세상을 떠돌았던 그의 외로움이 시에 담겨 고스란히 시비 속에 녹아있다.

내가 만약 고운 선생처럼 혼자였다면 참 쓸쓸했을 것 같다. 언니가 있어 얼마나 다행인가. 함께라서 참 았다.

윤작 언니와 해운대 영화의 거리로 향했다. 천만의 관객이 찾았던 영화의 소개 글을 찬찬히 읽으며 걸었다. 알지 못했던 영화의 비하인드 스토리가 재미있었다.

윤작 언니가 영화 평론을 시작했다. 언니의 이야기를 들으며 유유자적 걸음을 옮겼다. 계속 이어지는 해박한 영화 이야기는 끝이 없다. 평소에 말이 없는 언니가 오늘은 마치 유명한 영화평론가 같았다.

지인들이 붙여 준 언니의 애칭 '윤작가'의 줄임말인 '윤작'은 언니에게 참 잘 어울리는 이름이다. 우리의 이인二人 수필집과 함께 언니는 분명 그렇게 될 것이라고 나는 믿는다.

다시 일상으로 돌아갈 시간이 되었다. 짐을 정리하고 아침 식사로 컵라면을 먹는다. 윤작언니는 고소한 참깨라면, 나는 시원한 새우탕면이다.

작은 일탈을 끝내고 우리는 지하철에 올랐다.

학산의 길목

우연히 학산의 길목에서 친구를 만났다. 그 후 아침이면 자주 그 친구의 반가운 초대를 받는다. 그날도 학산 다방에서 커피 한 잔하자는 친구의 전화를 받고 학산으로 향했다.

학산에는 네 개의 산봉우리가 있다. 제일 높은 산봉우리가 백사십 미터 정도밖에 되지 않는 아주 야트막한 산이다. 산봉우리까지 가는 길은 여러 갈래가 있다. 그래서 저마다 산정상을 다르게 이야기하기도 한다. 우리에게 산의 정상은 올림픽 공원에서 올라가는 북봉(북쪽봉우리)이다. 이곳이 우리들이 말하는 학산 다방이다.

여기 학산다방은 우리의 수다방이었다. 그곳에서 우리는 초등학생도 되었다가 때로는 중학생이 되었다가 이팔청춘이 되기도 한다. 새소리가 들려온다. 가만히 귀 기울이면 자연이 들려주는 많은 소리를 들을 수 있다. 생명의 숨소리, 산에서 들려오는 모든 소리가 정겹게 느껴진다.

산길 곳곳에 낙엽이 수북히 쌓여있다. 나무는 외로울 때 외로움을 타지 않는다고 어떤 시인은 말한다. 하지만 오늘 내가 본 나무는 자신의 분신인 나뭇잎을 떨어뜨릴 수밖에 없는 서글픔을 가진 외로운 나무 같았다. 마치 단풍든 자신의 몸을 바라보며 환호하는 우리에게 아픔을 깊숙이 숨긴 채 나무는 의연하고 넉넉한 온유로 우리를 맞이하려 애쓰는 듯 보인다.

학산 수다방에는 벌써 몇 팀의 손님들이 도착해 있었다. 저마다 자신들의 이야기에 열중하고 있다. 운동기구를 이용하는 사람도 있고 가만히 자리에 앉아 생각에 잠긴 이도 있다. 다양한 사람들이 학산을 찾아왔다.

둘레길을 걷다보니 곳곳에 무덤이 보였다. 경치 좋은 곳이면 어디든지 산 사람과 죽은 사람이 함께 공존하고 있다. 어떤 무덤은 정갈하게 잘 가꾸어져 있고, 어떤 이의 무덤은 아무도 돌보지 않아서 풀이 우거져 있다.

누가 죽음을 수평의 삶이라 했는가. 죽어서까지 차별당하는 것 같아 서글퍼진다. 죽은 자는 말이 없다. 고요한 무無의 지대, 혼자라면 무서워서 온몸에 소름이 돋을 것 같았지만 친구와 함께라서 참 다행이다. 친구가 옆에 있다는 것이 이렇게 용기와 힘이 된다.

오는 길에 운 좋게도 학산의 주인인 토끼를 만날 수 있었다. 학산에 살고 있는 토끼는 몇 마리인지는 정확하게 잘 모르겠다. 학산에서 내가 만난 토끼가 모두 세마리다. 흰토끼와 흰색에 검은 띠를 두르고 있는 토끼가 다정하게 길을 가고 있다. 한 마리는 어디 갔지? 갑자기 궁금증이 밀려온 우리가 토끼에게 말을 건넨다.

"토끼야, 검은색 줄 토끼는 어디 있어?"

토끼는 말이 없이 자기 갈 길만 가고 있다.

"검정색 줄 토끼 저 두 놈에게 왕따 당하는 거 아닐까?"

친구가 말했다. 그런 것 같다고 나도 대꾸한다. 토끼들도 사람처럼 자주 다투는 모양이라고 우리끼리 결론을 내리고 토끼를 바라보니 토끼도 우리를 바라본다. 아니 무상무념의 눈빛, 아무 감정이 없는 듯한 큰 눈과 마주했다.

토끼와 거북이 우화를 써서 토끼의 자만심을 비판하기도 하고, 고전 토끼전을 만들어 내어 별주부의 사탕발림에 넘어가지만 슬기롭게 대처하는 토끼를 만들어 내기도 하는 사람들에게 무슨 할 말이 있겠는가? 늘 자기 편한 대로 판단을 내리는 사람들, 토끼를 도마 위에 올려놓는 사람들, 결코 토끼에게 우리가 아군일 것 같지는 않다. 하지만 다시 본 토끼의 눈은 학산의 주인처럼 당당했다. 마치 우리를 봐 주는 듯한 너그러움까지 담고 있는 듯했다.

남봉(남쪽봉우리)에서 상인동으로 내려가는 학산의 길목에는 위령탑이 있다. 1995년 일어난 상인동 지하철 공사현장 가스폭발 사고 희생자들을 추모하는 탑이다. 그 탑은 보면 언제나 마음 한 곳이 찡해온다. 세월호 참사로 꽃다운 나이에 먼 길을 떠난 아이들의 모습이 함께 떠올라 위령탑이 더 슬프게 다가왔다. 그들은 가고 없는데 탑만 세워 놓는다고 무슨 위로가 될까. 이 작은 탑은 살아 있는 우리를 위한 것일 터이다. 두 번 다시 이런 사고가 없기를 바라며 탑을 향해 머리를 숙였다.

다시 북봉을 향해 발걸음을 옮긴다. 자연 속에는 슬픔도 기쁨도 모두 넉넉한 온유로 자리하고 있다. 굴밤 하나 가지고 세상을 다 얻은 듯 쪼르르 굴참나무로 기어 오르는 다람쥐가 보였다.

살랑살랑 고운 바람이 나무 사이로 불어오더니 억새풀에게 다가간다. 구절초에게도 인사한다. 바람은 어느 무덤가에 머물더니 위령탑을 돌아 다시 나에게 왔다.

자연은 누구에게나 공평하다. 산다는 것이 때론 고달프기도 하지만 자연 속에 서면 이 모든 것이 평화가 된다.

인쇄일 2020년 12월 01일
발행일 2020년 12월 05일

지은이 윤승선 · 정서연
펴낸이 박철수
펴낸곳 도서출판 해암

등록번호 제325-2001-000007호
주소 부산시 중구 대청로 138번길 9 (대원빌딩 302호)
전화 051)254-2260
팩스 051)246-1895
메일 haeambook@daum.net

ISBN 978-89-6649-195-7 03810

값 13,000원

* 본 도서는 2020년 부산문화재단 지역문화예술 육성지원사업의 일부 지원으로 제작되었습니다.

* 이 도서의 국립중앙도서관 출판예정도서목록(CIP)은 서지정보유통지원시스템 홈페이지(http://seoji.nl.go.kr)와 국가자료공동목록시스템(http://www.nl.go.kr/kolisnet)에서 이용하실 수 있습니다. (CIP제어번호: CIP 2020051295)